KB058196

동주

신연식 각본집

동주

SIGONGART

일러두기

— 이 책에 수록된 각본은 《동주》의 오리지널 시나리오(촬영 전 시나리오 최종본)다. 이후 편집 과정을 통해 대중에 공개된 극장용과는 차이가 있다.

— 국립국어원의 한글 맞춤법에 따르는 것을 원칙으로 했으나, 일부 지문과 대사는 작가의 표기를 그대로 살렸다.

— 윤동주의 시는 원문을 살리려 했다.

— 영화에는 일본어 대사들이 있다. 배우들은 일본어로 연기했지만 각본에는 한글로 적고, 회색 글씨로 구분했다.

— 설명이 필요한 경우 *로 표시했다.

차례

추천의 말 1   6

추천의 말 2   7

작가의 말   8

시놉시스   10

각본   13

언제고 돋아나는 윤동주라는 새싹 — 오은   154

스틸 컷   165

윤동주·송몽규 연보   196

《동주》에 나온 윤동주의 시들   200

신연식 작가 인터뷰   220

영화《동주》를 만나게 된 것은 저한테는 인생의 다른 의미입니다. 솔직히 말하자면 굉장히 어려운 작업이었습니다. 돌이킬 수 없는 하나의 신, 장면이 남는다는 것. 그리고 그것이 제가 사랑하는 윤동주 시인을 연기한 모습이라는 것이요. 그 마음 하나가 촬영 내내 저를 짓누르고 있는 느낌이었습니다. 윤동주 시인을 연기한다는 것은 너무 어려운 작업이었습니다. 동시에 현장에 계신 송몽규 역의 박정민 형님, 이준익 감독님과 제작진 모두를 굳게 믿었기에 작품을 완성할 수 있었습니다. 영화《동주》가 책으로 나오는 뜻 깊은 작업에 한 줄 글을 남길 수 있어 영광입니다. 이 책이 많은 분들이 가슴에 가진 별에 바람이 스치우게 해 주기를 바랍니다.

— 강하늘(윤동주 役)

《동주》라는 영화는 그 자체로 한 편의 시였다. 난 이토록 시적인
시나리오를 아직 본 적이 없다.

— 박정민(송몽규 役)

이 땅의 청춘들이… '동주'처럼

인류의 역사에서 20세기 초만큼 광범위한 대변혁의 시기는 없었던 것 같습니다. 인류가 문명사회를 이루고, 국가를 세우고, 계급과 사회를 발명한 이후로 가장 큰 사회 구조의 변화를 겪은 시기가 아닌가 싶습니다. 제도와 의식과 사회 구조가 모두 변하고, 여기에 더해 기술 발전까지…. 인간의 역사에 있어 최대 규모의 발전을 최단 시간에 했으니까요.

청춘들에게 격변기는 기회이자 놀이터가 됩니다. 자신의 이상과 꿈을 실현시킬 수 있는 시대적 무대가 펼쳐지면, 뜨거운 피를 가진 청춘들은 자신의 이상을 펼칠 기대와 소망을 품기 마련입니다. 모든 사람이 격변기에 20대를 보내는 것은 아니니까요. 특히나 20세기 초는 당시 젊은이들에게 새로운 세상을 이끌 가능성에

적극적으로 호응하게 만든 시대였습니다. 새로 설립된 학교의 1회 졸업생만 되어도, 누가 시키지 않아도 '우리가 학교의 미래를 이끌 수 있다'는 희망을 품지 않나요? 이처럼 20세기 초는 인생의 격변기를 보내는 청춘에게 있어 용광로와 같은 시기였습니다.

그리고 그 시대에 한 집에서 태어나 평생을 함께한 두 청춘 윤동주, 그리고 송몽규가 있었습니다. 그들은 같이 태어나 함께 자랐지만 가치관은 조금 달랐습니다. 하지만 그것을 세상에 나가 발산하겠다는 의지는 똑같았죠. 저는 그들처럼 뜨겁게 살 수 있었던 청춘의 시대를 지금의 청춘들이 영화 《동주》를 통해 발견하기를 희망했습니다. 윤동주와 송몽규의 시대로부터 정확히 한 세기가 지났습니다. 조만간 진정한 21세기가 시작되려고 합니다.

진정한 20세기를 1919년 3월 1일 이후로 보듯이, 저는 진정한 21세기도 2020년 이후부터로 봐야 한다고 생각합니다. 19세기 가치관, 19세기 기득권, 19세기 권력이 물러난 이후에야 진정한 20세기가 시작된 것처럼 말이죠. 이제 우리는 20세기가 끝나가는 것을 목격할 겁니다. 새로운 시대가 다가오니 과거의 가치관에 짓눌리지 않고 굳세게 새로운 세상을 꿈꿔야 할 때입니다.

윤동주와 송몽규처럼 20세기를 극복하고 뜨겁게 21세기를 맞이할 청춘들에게 책으로 다시 만나는 『동주』가 청춘의 불길을 치솟게 하는 계기가 되었으면 합니다. '동주'처럼 부끄러워하며, '동주'처럼 괴로워하며, '동주'처럼 소망하고, '동주'처럼 뜨겁게 불타오르길 희망합니다. 동주로부터 1백 년 뒤 이 땅의 청춘들이.

시놉시스

윤동주와 송몽규는 한 마을에서 같이 나고 자란 친구이자 사촌 지간이다. 동주는 문학과 시를 사랑하며 시인의 꿈을 키워 간다. 하지만 몽규는 조국의 독립을 위해 헌신하기 위해 위험을 무릅쓰고 중국에 있는 임시정부로 향한다.

죽음의 고비를 넘고 온 몽규에게 동주는 앞으로 어디를 가든지 함께하자고 얘기하고, 몽규는 동주와 함께 일본 유학길을 간다. 몽규는 유학을 가서도 일본 내 한국인 유학생들을 규합해서 독립운동을 벌일 계획을 세우고, 영문학을 공부하던 동주도 몽규와 뜻을 함께하기로 한다.

죽음까지 함께하려던 두 친구는 계획을 실행에 옮기지 못하고 일본 경찰에 체포당하고 만다. 그리고 시인 윤동주는 친구 송몽규와 함께 조국의 해방 직전 형무소에서 생을 마감하고 한 권의 시집을 남긴다.

각본

이 이야기는
7할의 진실과,
1할의 편의적 상상과,
1할의 구성적 변경과,
1할의 이유를 알 수 없는 고백으로 이루어졌다,
말할 수 있는 바이다.

#1

프롤로그―어두운 골목 (밤)

등화관제 사이렌이 울린다.

불을 끄는 동주.

동주는 잠이 오지 않는다.

창문 사이로 들어오는 불빛 사이로 부유하는 먼지들.

누워서 후- 하고 바람을 부는 동주.

나는 말없이 이 탑을 쌓고 있다. (동주 목소리)

명예와 허영의 천공에다

무너질 줄 모르고

한 층 두 층 높이 쌓는다.

무한한 나의 공상

그것은 내 마음의 바다[*]

동주를 부르는 몽규의 목소리가 들린다.

창문을 여는 동주….

몽규가 서 있다.

몽규   동주야. 빨리 나와.

동주   왜?

동주를 바라보는 몽규….

몽규 지금 나랑 같이 가자.

동주 어디로?

몽규 고향으로.

동주 (바라보다) 지금?

몽규 어딜 가든 나랑 함께하기로 했잖아.

동주 ….

몽규 다 잡혀 갔어.

동주 ….

몽규 지금 새벽 기차를 타고 가야 돼.

동주 내일 따라갈게.

몽규 내일? 내일 가야 되는 이유가 있어?

동주 지금은 안 돼….

몽규 난 너랑 같이 갔으면 싶다.

동주 먼저 가. 시모노세키에서 보자.

몽규 알았어. 항구에서 기다릴게.

*「공상」부분.

#2

하숙집 앞 (새벽)

조심스럽게 하숙집을 나서는 동주.
주변을 살피지만 골목 안에는 인기척이 느껴지지 않는다.
조심스럽게 골목을 빠져나가는 동주.

#3

서양식 카페

일본인 여성 쿠미와 동주가 마주보고 앉아 있는 모습이 창밖으로
보인다.
무언가 냅킨에 메모를 하는 동주…
곧이어 쿠미에게 무언가 속삭이는 동주…
특고 형사들이 동주를 바라보다 카페로 들어간다.
특고 형사와 눈이 마주치는 동주가 긴장한다.
쿠미 옆에 앉는 특고 형사.

동주　　누구시죠?
특고　　히라누마 도쥬? 가서 애기 좀 하지.

동주

#4
취조실

어둠 속에서 무겁고 날카로운 목소리가 들려온다.

      특고   길림성 화룡현 명동촌 출생…. 맞아…?

간신히 고개를 들면 특고 형사의 어두운 실루엣이 보인다.
동주가 간수들에게 안내되어 온다.
자리에 앉는 동주… **책상 위에 유리 가루가 있어서 무심코 손으로 털어 낸다.**
기록원이 수기로 대화록을 쓰고 있다.
어둠 속에서 서서히 다부진 얼굴이 드러나는 특고….

      특고   교토시 사코꾸 다나까다카하라쪼 27번지
                 도시샤대학 문학부 선과 학생 히라누마 도쥬….

특고 형사가 동주의 판결문을 읽는다.

      특고   피고는 유년 시절 민족적 학교 교육을 받아 사상
                 적 문학서를 탐독하고 민족의식을 가슴에 품고 있

었으며 재교토조선인 유학생 회합을 송촌* 몽규
와 주도했으며….

취조실 주변을 서성이는 특고 형사, 판결문을 덮는다.
동주의 시선이 커다란 책상 위에 있는 자신의 원고에 멈춰 있다.
조금씩 다가오는 특고 형사.

특고　　송몽규의 군사 활동에도 개입을 했나?

동주　　…. 예…?

특고　　중국에서 김구 일파와 이웅 일파를 접선한 사실도
　　　　　알고 있지?

동주　　무슨 얘긴지 모르겠습니다.

특고　　(바라보며) 모른다고?

특고 형사의 매서운 눈동자를 떨리지만 피하지 않고 바라보는 동
주.

특고　　그럼 송몽규의 지시에 따라 조선인 유학생들의 조
　　　　　직을 구성한 것인가? 징집령을 이용해서 무장봉기
　　　　　를 계획한 건 너의 생각인가, 몽규의 생각인가? 전
　　　　　시에는 그런 생각만으로도 이미 내란을 일으키는

* 창씨개명을 하면 보통 성(姓)에 한 글자를 더해 썼다.

반군이 되는 거다.

동주 　무슨 얘기를 하는 건지 모르겠습니다.

가까이서 동주를 노려보다 다시 돌아서 동주의 판결문을 읽는 특고.

특고 　반역인데…. (피식 웃으며) 고작 2년 형이라니….
　　　(판결문을 던져 놓으며) 몽규는 언제부터 알고 지냈
　　　지…?

동주 　….

특고 　대답해.

책상 위에 있는 자신의 원고를 바라보는 동주.

#5
용정─동주의 집 앞 길가

몽규의 방문턱에 걸터앉은 동주의 머리 위로…
동네 어른들의 웅성거림 소리가 점점 커진다.

사내 　(목소리) 우리 마을이 신앙을 갖고 살아서 일본의
　　　핍박을 덜 받은 거 아닙니까? 교회에서 세운 학교

를 인민 학교로 바꾼다면 누굴 의지해서 살겠습니까? 공산당에 의지해서 살 겁니까?

사람들의 수군거림이 커진다.
문틈 사이로 바깥을 내다보고 있는 몽규.

동주부 우리가 함경도에서 건너와 삼대째 의지한 교회 학교를 공산당에 그냥 내주는 건 좀 그렇지 않나….

몽규부 공산주의가 어때서요? 일본 놈들이 교회까지 간섭을 하려고 드는데….

동주부 그럼 교회 학교를 그냥 인민 학교로 바꾸자는 거요? 문목사님이 캐나다 유학만 안 갔어도 사람들이 이런 소리를 했겠어?

몽규가 몸을 돌려 벽에 기대어 앉는다.

몽규 신앙이 뭐가 중요해? 전 세계 인민들이 계급도 차별도 없이 사는 게 중요하지.

동주 너 공산주의자 같다.

몽규 모르겠다. 아버지나 나나 신앙에 의지가 안 되나 봐. 누군가를 의지하고 가만히 아무 일도 안 하는 건 체질에 안 맞아.

동주 그래도 신앙 교육을 받으며 우리 마을이 지금까지 견뎌 온 거 아니야?

몽규… 벌떡 일어나며….

몽규   그래. 넌 계속 견뎌라.

뛰어나가는 몽규.
동주가 따라나선다.
사람들이 몰려서 교회 쪽 사내의 웅변을 여전히 듣고 있다.

사내   고향을 등지고 허허벌판에서 우리가 누구를 의지
하고 살았습니까? 신앙 교육을 버리겠다는 건 신
앙을 버리겠다는 거 아닙니까?

웅변을 한참 하던 사내의 반대편에서 웅변을 시작하는 몽규….

몽규   지금 어르신들이 밟고 있는 땅이 어디입니까? 우
리가 왜 간도 땅에 살고 있습니까? 조선 땅에 일
본인들이 득세하는 꼴을 보기 싫어서 아닙니까?

반대편에서 웅변을 시작하는 몽규 쪽으로 시선을 돌리는 사내
들….

몽규   그런데 지금 어떻습니까? 청산리 전투 이후 독립
군들이 빠져나가고 얼마나 많은 사람들이 죽었습
니까? 일본군이 총칼로, 중국인 지주들이 곡괭이

로, 우리가 언제까지 핍박을 당해야 합니까?

어른들 무리에서 몽규의 연설을 듣는 동주….
어른들을 압도하는 몽규가 자랑스럽기도 하지만 조금은 걱정스러운 표정이다.

> **몽규** 나라도, 종교도, 계급도 없는 세상이라면 누가 누구를 핍박하겠습니까? 저 대륙에서도 온 인민이 하나가 되는 물결이 일고 있지 않습니까? 신앙은 예배당에서 예배드리는 걸로 충분합니다. 학교는 인민을 하나로 묶는 세계적인 흐름을 따라야 마땅하다고 생각합니다!

몇몇 어른들이 동조하는 박수를 친다.
동주부와 몽규부가 걱정스러운 표정으로 몽규에게 다가오자 몽규가 박수 치는 사람들 사이로 달려간다.
몽규를 따라 함께 달리는 동주.
어느 집 앞마당에서 아이들이 축구를 하고 있자 달리며 볼을 차는 몽규….
장난처럼 찬 공이 상대편 골대 모양의 나무 막대 사이로 들어간다.

#6

정미소

킬킬거리며 또 달리는 몽규와 동주, 정미소 뒤쪽 쪽문으로 미끄러져 들어간다.

숨을 헐떡이며 들어오는 동주와 몽규.

> **동주**   너 갑자기 어른들 앞에서 왜 연설을 한 거냐?
>
> **몽규**   세상이 변하고 있잖아?
>
> **동주**   세상이 변해도 신앙은 변하지 않아.
>
> **몽규**   (웃으며) 내가 신앙심이 없나 보다.

정미 기계 위로 오르는 몽규.

> **몽규**   너한테 보여 줄 게 있어.

정지용 시집을 꺼내는 몽규.

동주가 놀라서 시집을 받아 본다.

> **동주**   정지용 선생님 시집… 이거 어디서 났어?
>
> **몽규**   명동 학교 선생님한테 부탁했어. 니가 하도 좋아
>   하니까.
>
> **동주**   (품에 안으며) 진짜 갖고 싶었는데….

익환이 활짝 문을 열고 들어온다.

익환   몽규야. 너 때문에 지금 어른들이 난리다.

몽규   난리겠지. 마을이 뒤집어지게 연설을 해댔는데….

익환   그게 아니고…. 너 신춘문예에 당선이 됐다고 난
       리가 났어.

동주를 바라보는 몽규… 씩 웃어 보인다.

#7
용정─동주의 집 (낮─밤)

몽규부가 경성에서 온 전보를 들고 흥분하며 떠든다.
부엌에서 음식을 준비하는 몽규모와 동주모.

동주모   몽규가 언제부터 글을 썼대…?

몽규모   글쎄…. 나도 글을 읽는 것만 봤지 쓰는 건 본 적
        이 없는데….

동주 가족들이 흐뭇해하면서도 흥분한 몽규부의 전보를 들여다
보고 있다.

몽규부   (바싹 붙어서) 이게 보통 일입니까! 조선팔도 내로
        라하는 작가들도 힘들다는 동아일보 당선을 우리
        몽규가 떡허니 해냈다는 거 아닙니까!

동주부   그러게…. 신통하긴 하네….

익환, 동주, 몽규가 집 안으로 들어온다.
몽규부가 몽규를 끌어안고 난리다.

몽규부   어쩨 이리 신통한 일을 했냐? 송작가.

몽규   작가되려고 쓴 거 아니에요.

동주부   작가되려고 작정하고 쓰면 아주 걸작이 나오겠구
        나?

크게 웃는 어른들….
반복해서 몽규의 당선작을 읽는 몽규부.

몽규부   (동주 동생 혜원에게) 야, 야, 밥상 차리는 동안 계속
        좀 읊어 봐라.

당선작 원고를 읽는 여동생 혜원.

여동생   제목, 술가락 - 작가, 송, 몽, 규.

우리부부는 인제는 굶을 도리밖에 없엇다.

잡힐 것은 다 잡혀먹고 더잡힐 것조차 없엇다.

「아 - 여보! 어디좀 나가 봐요!」안해는 굶엇것마는 그래도 여
자가 특유(特有)한 뾰루퉁한 소리로 고함을 지른다.

밥상을 차리는 몽규모와 동주모….

몽규모가 동주모의 눈치를 살핀다.

> **몽규모**　(몽규부를 치며) 그만해요. 밥상 앞에서 뭐하는 거예
> 요…?
>
> **몽규부**　(눈치 없이 수저를 들며) 아…. 이게 술가락이네. 술가
> 락.
>
> **몽규모**　그만하라니까….
>
> **동주부**　집안에 동아일보 당선작이 나왔는데 소문도 좀 내
> 고 해야지.
>
> **몽규모**　오빠도 부추기지 마세요. 동주가 글 쓰는 건 반대
> 하시면서….
>
> **동주부**　동아일보에 당선될 정도면 내가 왜 반대하겠냐?

자리에 앉는 몽규네와 동주네.

동주와 몽규도 앉는다.

안방에서 동주네 조부가 나와 자리에 앉는다.

> **조부**　기도해라.

동주모가 기도를 시작한다.

동주모   (기도) 천지를 만드신 하나님… 오늘도 귀한 양식
을 주시고… 귀한 소식을 전하게 해주신 은혜 감
사합니다…. 어린 자녀들에게 주신 귀한 재주가
세상을 밝히고……….

기도가 끝나고…
날이 어두워지고.
동주모와 몽규모가 설거지를 한다.
안방과 사랑방으로 오가며 뛰어다니는 동주의 동생들….
책상 앞에 앉아 정지용 시집을 꺼내는 동주.
몽규가 동주의 방문 앞에 기대어 앉는다.

몽규   하나님은 원래 원하지 않는 건 쉽게 주시나 보다.
동주   (책을 보다) 그래. 너한텐 그렇게 쉬웠냐? 신춘문예
당선이?
몽규   신경 쓰지 마. 꽁뜨같이 짧은 산문이라 얻어 걸린
거지 뭐. 내 글은 금방 잊혀질 거야.

웃으며 방을 나가는 몽규.
몽규모가 동주의 방에서 나오는 몽규를 따라온다.

몽규모   (동주 방 쪽을 보고 작은 소리로) 너 동주한테 무슨 애

기했어?

몽규 왜요?

몽규모 동주 마음 상하지 않게 괜한 얘긴 하지 말고.

부엌으로 돌아가는 몽규모.

몽규가 별채로 들어간다.

몽규네 가족이 사는 별채 방이다.

이미 잠들어 있는 몽규부….

몽규가 조용히 책을 꺼내 든다.

이광수의 '볼셰비즘'에 관한 글들이다.

이미 여러 번 본 듯하다.

몽규부가 뒤척이자 가방채 들고 나가는 몽규….

잠들어 있는 줄 알았던 몽규부가 눈을 감은 채 몽규의 뒤로 얘기한다.

몽규부 왜 죄지은 사람처럼 몰래 나가서 책을 보냐…?

몽규 주무세요. 전 동주 방에서 보면 돼요.

몽규부 (눈을 뜨며) 공부도 너무 지나치면 해롭다. 니 정신
을 해치는 글인지 잘 살피면서 공부해라….

몽규 네.

방에서 나오는 몽규.

몽규모가 부엌에서 아직도 일을 하는지 소리가 들려온다.

힐끔 보고는 동주의 방으로 향하는 몽규.

책상과 책장 사이에 여기저기 놓여진 노트들과 원고지를 꺼내는 동주.
노트 안에 마음에 안 드는 시를 찢어 내고….
예전 시들을 날짜별로 정리하는 동주…. 1934년 12월 24일.
책상 가득히 쌓이는 원고지들과 노트들.
문을 벌컥 열고 몸을 내미는 몽규…. 가방에서 시집 하나를 던진다.
몽규가 던진 시집이 책상 위 원고와 노트들을 흐트러뜨린다.

　　　몽규　　　백석 시집.

흐트러진 노트와 원고를 보는 동주….
몽규가 방으로 들어온다.

　　　몽규　　　목사님한테 빌려 온 건데… 깜빡하고 있었어.

바닥에 떨어진 백석 시집으로 시선이 가는 동주…. 짜증스러운 얼굴로 다시 정리한다.

　　　몽규　　　시를 쓰기만 하면 뭐해? 발표를 해야지.
　　　동주　　　당선이 안 되는데 어떻게 발표해?
　　　몽규　　　안 된다고 그냥 묵힐 거냐?

아무 말 없이 정리하는 동주.

몽규	문예지를 만들어서 니 시를 발표하자고. 우리 잡지를 만들자는 얘기야.
동주	(멈춰 돌아보며) 잡지?
몽규	니가 시를 쓰고 내가 산문을 쓰고.

#8
용정—동주의 집 툇마루

아버지와 마주보고 앉아 있는 동주.

동주부	(잡지를 들고) 신명동?
동주	몽규랑 학생 잡지를 만들고 있어요. 교장 선생님이 신명동이란 제목을 지어 주셨고.
동주부	(한숨) 니가 의과에 가면 그 의술로 얼마나 많은 사람들을 살리겠냐? 니가 민족을 위해서 글 한 줄 쓰는 것보다 훨씬 좋은 일 아니냐? 글쟁이로 잘해서 기자밖에 더 되겠어?

여동생과 남동생이 심상치 않은 분위기를 방 안에서 엿본다.

동주	아버지. 문과도 좋은 학교 나오면 좋은 직장을 얻을 수 있습니다.

동주부   지금 니가 문과를 가겠다는 게 글쟁이 되겠다는
         거 아니야. 시는 의사가 돼서도 얼마든지 쓰는 거
         아니야!? 나한테나 남한테나 득이 돼야 공부지 어
         디도 못 쓸 걸 공부는 뭐하러 하냐?

동주가 아버지에게 반박을 하려는데….
문을 열고 고개를 내미는 몽규.

몽규   (동주부를 보며) 목사님이 급하게 동주를 찾으시는
         데요?

못마땅한 얼굴로 몽규를 바라보는 동주부, 고개를 돌린다.

#9
용정—마을 길가 (동주의 집—방 앞)

뒷걸음치며 나가는 몽규가 동주를 바라보며….

몽규   아…. 자꾸 목사님 갖고 거짓말해서 지옥 가게 생
         겼다.

씨익 - 웃으며 달리기 시작하는 몽규.

어이없다는 듯 웃으며 따라가는 동주.

#10
정미소

등사기로 인쇄를 하는 몽규.
'이광수의 볼셰비즘에 관한 소고.'

익환	니가 쓴 거야? (인쇄된 글을 읽는다.) '자유와 평등을 표방한 프랑스 혁명을 거쳐 러시아의 프롤레타리아 혁명을 실현하며 전 세계에 강렬한 충격을 주었는데….'
동주	문예지에 맞지 않는 글 아니야?
몽규	세상을 변화시키지 못할 거면 문학이 무슨 소용이야? 글을 쓰는 게 무슨 권력이냐? 익환아, 너도 시를 써 봐.
익환	나도?
몽규	시는 아무나 쓰는 거야.

#11

교실

'신명동' 잡지에 실은 몽규의 글을 읽는 명희조 선생.

> **명희조** (몽규의 글을 읽으며) 이광수의 「볼셰비즘」. '이것은
> 종교적, 정치적 혁명을 잇는 경제적 혁명이라 할
> 수 있겠다. 모든 혁명에는 그 과오가 있겠지만, 전
> 세계 인민이 하나가 된다는 큰 흐름은 놓칠 수 없
> 는 일이다….' 송몽규?
>
> **몽규** (손을 들며) 예.
>
> **명희조** 아이들까지 공산주의 물이 들으니 학교가 인민 학
> 교가 되지. (몽규에게) 혁명가가 되고 싶어?

몽규가 명희조를 바라본다.
앞줄 어떤 학생에게 다가서는 명희조.

> **명희조** (어떤 학생에게) 너는 어디로 진학할 생각이지?
>
> **학생** 전… 평양 숭실전문 농업과를 가려고 합니다.
>
> **명희조** 왜지?
>
> **학생** 이광수 선생님의 『흙』을 보고 감명을 받았습니다.
> 그래서 저도 농촌에 이상향을 만들고 싶다는….
>
> **명희조** (단호히) 춘원 이광수는 민족을 배반한 사람이다.
> 상황에 따라 이념이 바뀌니 그 이상이 오래가지 못

	하는 거다. (몽규에게) 국가가 성립되려면 무엇이 필요하지…?
몽규	(망설이며) 국토와… 국민… 그리고 주권이 필요합니다.
명희조	그래. 맞아. 주권이 필요한데 우리는 주권 없는 민족이다…. 주권 없이 이상향을 노래해 봤자 무슨 의미가 있겠나…. 고민을 해봐야 되지 않겠어?
몽규	(명희조를 바라보다) 알려 주십시오. 길이 있으면.
명희조	(몽규를 바라보다 고개를 들며) 수업은 끝. (몽규를 보며) 몽규는 남아라.

우르르 교실을 빠져나가는 학생들.

남아 있는 몽규.

창가에 서 있는 명희조….

명희조	주권을 찾는 길을 알려 줄까?
몽규	예….
명희조	그 길을 갈 의지가 있냐는 얘기야.

#12

정미소

등사기에 인쇄하는 익환과 동주.

동주　명희조 선생님이 왜 몽규를 부르셨을까?

익환　모르지. 명희조 선생님 얘기 알아?

동주　무슨 얘기?

익환　동경제대*까지 나온 사람이 우리 학교 선생을 하러 온 이유가 있다고 그러더라고. (다가와 작은 소리로) 명희조 선생은 신민회에서 우리 학교로 보낸 사람이래….

동주　신민회?

익환　김구 선생이 특별히 선발해서 보낸 사람이라고….

몽규가 들어온다.
뭔가 상기된 얼굴 표정의 몽규.

익환　선생님이랑 무슨 얘기했어?

긴 한숨을 내쉬며 여유로운 눈빛으로 익환과 동주를 번갈아 바라보는 몽규.

몽규　동주는 시를 쓸 거지? 익환이는 신학대를 갈 거고?

* 도쿄대학.

동주	무슨 소리야?
몽규	난 중국으로 간다.
동주	중국?
익환	명희조 선생님이랑 그 얘기 한 거야? 중국은 왜?
몽규	(갑자기 큰소리로) 바쿠닌, 크로포트킨-, 야- 전 세계 인민을 하나로-.

동주와 익환을 번갈아 끌어안는 몽규, 혼자 껄껄 웃는다.
어리둥절한 익환과 동주.

#13
용정—동주의 집 방 안 (밤)

어둠이 가득한 마을….
동주가 동생들과 함께 누워 있다.
잠들어 있는 동생 일주와 혜원의 옆에서 호롱불 빛으로 글을 쓰고 있는 동주….

흰 그림자 (동주 목소리)

황혼이 짙어지는 길모금에서
하루종일 시들은 귀를 가만히 기울이면

땅거미 옮겨지는 발자취 소리,

#14

용정─마을이 내려다보이는 곳 (밤)

몽규가 짐 가방을 매고 마을 아래를 내려다본다.
마치 윤동주를 바라보는 것처럼.

발자취 소리를 들을 수 있도록
나는 총명했던가요.

방문 너머로 멀리 시선을 던지는 동주….

#15

취조실

기록원이 수기를 하고 있고….
동주가 일본어로 자신의 시를 적어 가고 있다.
원고를 읽는 특고.

특고	(시를 다 읽고) 발자취 소리라니… 누구의 발자취 소리를 의미하지?
동주	시어는 하나하나 따져 가며 읽는 것이 아닙니다.
특고	(피식) 정지용, 이광수의 글을 읽으면서 볼셰비키 혁명을 꿈꾼 게 아니었나? 송몽규가 중국에서 누굴 만났는지 아나?
동주	모릅니다.
특고	김구 일파를 만나서 군사훈련을 받았어. 모른다고 하겠지?

기록원이 두 사람의 대화를 속기하고 있다.

'

#16
호텔 로비

중국인으로 보이는 남자들이 입구에서 어슬렁거린다.
송몽규가 긴장한 얼굴로 들어와 남자들의 안내를 받으며 안으로 들어온다.

특고	(목소리) 당파와 분쟁이 조선인들의 천성이니…. 송몽규가 김구 일파에 실망한 것도 이상한 일은 아니야….

로비에는 중년의 중국인과 강한 인상의 50대 조선인 남자 이웅이
앉아 있다.

몽규를 훑어보는 이웅.

> **특고**　(목소리) 김구한테 실망하고 만난 게 이웅이었는
> 데….

#17
취조실

커피를 마시는 특고.

> **특고**　이웅이 어떤 자인지 아나? 조선의 독립운동을 위
> 해 일하는 것 같지만 장사꾼에 불과한 사내라고.
> 김구 일파와 장개석이 꾸미는 일들을 비싼 값에
> 팔고 있었지. 우리가 송몽규를 요시찰 인물로 지
> 켜보게 된 것도 그즈음이야.

동주에게도 커피 한 잔을 건네주는 간수.

#18
호텔 로비

중국인 사내들과 인사를 나누며 나오는 이웅.
송몽규가 먼저 나와 허리를 숙여 이웅에게 인사를 하고 돌아선다.
몽규의 인사를 받은 이웅이 여전히 중국인 사내들과 무슨 이야기를 나눈다.
골목으로 사라진 몽규… 곧이어 인력거가 도착한다.

> **특고**   (목소리) 혁명을 꿈꾸면 뭐하냐고…. 혁명을 이뤄 낼 인민의 역량이 안 되는걸….

인력거에 오르는 이웅.
이웅의 인력거가 출발하기 전에 몽규가 권총으로 인력거의 뒤쪽을 겨냥한다.
탕! 탕! 탕!

#19
취조실

벌떡 일어서며 커피 잔을 쏟는 동주.

동주   말도 안 돼!

특고가 천천히 테이블을 닦는다.

특고   뭐가 말이 안 된다는 거지? 이웅이 이중 스파이였
       던 거? 송몽규가 이웅을 암살한 거?
동주   몽규는 사람을 죽이지도 못하고…. 그런 얘기를
       한 적도 없었습니다.
특고   (피식) 너한텐 얘기 안 해 줄 수도 있지.

#20
용정―동주의 방 (밤)

어린 동생들과 잠들어 있는 동주.
작은 인기척 소리가 들린다.

몽규   (목소리) 동주야―. 자냐? 나다.

잠에서 깨서 문을 여는 동주….
몽규가 땀을 흘리며 문턱에 앉아 있다.

동주   중국에서 왔어?

몽규   나가서 얘기하자.

주변을 살피며 방을 나오는 동주….
정미소 쪽으로 몽규를 안내한다.

#21
정미소 (밤)

구석에 앉는 몽규.

몽규   지금 장개석은 홍군을 상대하느라고 정신이 없어.
           일본군들이 만주를 헤집고 다니는데….

동주   공산당에 들어간 거 아니었어?

몽규   민족을 분열시키는 이념은 필요 없어. 어설픈 이
           념에 사로잡힌 공산주의자들이 무슨 짓을 했는지
           몰라? 명동촌에서 민가에 불을 지르고 선량한 학
           교 선생들을 죽창으로 찔러 죽였어. 세상에 어떤
           이념이 같은 민족을 죽이기 위해 존재하겠어?

동주   (바라보다) 그래…. 조선 인민 전체가 깨어 있어야
           돼.

#22
취조실

이어지는 특고의 취조….

특고　　그래서 조선 인민 전체를 깨울라고? 너의 시의 사
　　　　상적 배경이 그런 거냐? 네놈이 송몽규를 어떤 식
　　　　으로 선동했는지 모를 것 같아?

자리에 일어서서 다그치는 특고….

#23
정미소 (밤)

창가 쪽에서 서성이는 동주….

몽규　　이제 조선 학생들도 전쟁에 끌려갈 텐데. 어떡할
　　　　거냐?
동주　　….
몽규　　(한숨) 일본군 한두 명 죽이는 게 뭐 중요하겠어.
　　　　당장 군관 학교를 나와 봤자 장개석 군대 총알받
　　　　이 하기 십상이고.

일어나서 몸을 터는 몽규.

동주   몽규야, 나랑 같이 경성으로 갈래? 연전 문과 정
도면 아버지도 좋아하실 거야.

#24
취조실

특고와 동주.

특고   북간도는 독립군 세력들이 득실거리는 곳이니 거
기서 나고 자란 네놈들이 불온한 사상에 젖어 있
다는 게 놀라운 일도 아니지.

동주   지금 심문을 하는 겁니까, 조작을 하는 겁니까?
난 몽규가 중국에 왜 갔었는지 알지 못합니다. 죄
없는 학생들을 잡아서 억지로 사상범을 만드는 것
이 말이나 되는 일입니까? 몽규가 암살자라는 억
지를 동조하라는 말입니까? 몽규의 작품을 보셨
습니까?

특고   (여유롭게 담배 연기를 뿜으며) 봤어.

동주   그런 글을 쓰는 사람이 암살자로 보입니까?

특고   너의 시를 읽어 봐도 충분히 네놈들의 사상을 의

심할 만해. (동주의 원고를 꺼내 들며) '등불을 밝혀
어둠을 조금 내몰고. 시대처럼 올 아침을 기다리
는 최후의 나.' 이런 시를 쉽게 쓴 너를 보면 세상
에 대한 너의 태도가 분명히 읽혀진다고.

동주   억지야. 억지.

#25
의무실

늙은 의사가 천천히 동주를 진찰한다.
안구를 열어 보고 입 안을 살피고, 혈압을 재는 늙은 의사와 간호
사.
아무 말 없이 차트에 무언가를 적는 늙은 의사.

병원 (동주 목소리)

**나도 모를 아픔을 오래 참다 처음으로 이곳에 찾아왔다. 그러
나 나의 늙은 의사는 젊은이의 병을 모른다. 나한테는 병이 없
다고 한다. 이 지나친 시련, 이 지나친 피로, 나는 성내서는 안
된다.**

선반 위에 주사기를 쭉 펼쳐 놓는 간호사.

정체를 알 수 없는 약병들이 일렬로 서 있다.

〔인서트〕
동주의 경성행을 배웅하는 동주네 가족.

동주부　　(목소리) 그 비싼 공부를 하면서 뭐하러 문과를 간다는 거냐. 그 정도 비싼 돈 들이면 의사나 될 것이지.

간호사가 주사기를 들고 와 동주의 팔뚝에 바늘을 넣는다.
왠지 몽롱해지는 동주.

동주모　　(목소리) 그만해요, 동주 아버지. 다 끝난 얘기를 왜 자꾸 해댄대요.

점점 눈에 초점이 없어지는 동주….

#26
용정─벌판길

연희전문대 교복 차림으로 걸어가는 동주와 몽규….
그 뒤로 동주와 몽규의 일가친척들이 피난민처럼 줄지어 따라간다.

어린 동주의 동생들이 신이 나서 철길 위를 달린다.

쑥스러워 학생모를 벗는 동주.

> **동주부**　　(큰소리로) 동주야! 모자 똑바로 써라!
>
> **동주**　　　(돌아보며) 아버지, 모자 안 써도 연희전문 들어간
> 　　　　　　거 동네 사람들 다 알아요.
>
> **몽규**　　　(동주에게) 빨리 써. 보고 싶으시다는데.

몽규의 말에 폭소가 터지는 친척들….

아버지가 멋쩍은 웃음을 짓는다.

모자를 쓰는 동주.

#27
기차 안

자리에 앉아 시를 적는 동주.

> **새로운 길** (동주 목소리)
>
>
> **내를 건너서 숲으로**
> **고개를 넘어서 마을로**

어제도 가고 오늘도 갈

나의 길 새로운 길

철길이 빠르게 지나쳐 간다.

#28

옥인동 하숙집

짐을 옮기는 동주와 몽규.

동주의 짐은 책이 대부분이다.

책장 가득 나란히 꽂히는 동주의 책들.

쌓여 있는 책 틈 사이로 간신히 발을 뻗어 옆방에서 들어오는 강
처중.

　　　처중　　　북간도에서 새로 왔다는 신입생들이구만.

인기척에 놀라 돌아보는 동주와 몽규, 얼결에 허리 굽혀 인사를
한다.

　　　처중　　　(피식) 동년배니 그런 인사들은 서로 하지 말자고.
　　　　　　　　(손을 내밀며) 함경도 원산에서 온 강처중이라 합니
　　　　　　　　다.

강처중의 손을 잡아 악수를 나누는 동주와 몽규.

#29

연희전문 캠퍼스

강의실에서 수업을 받는 동주….
서양 문학을 전공하는 동주답게 유럽 시들을 배운다.
외국인 여교수가 칠판에 워즈워드의 「수선화」를 적는다.

I wandered lonely as a cloud

That floats on high o'er vales and hills,

When all at once I saw a crowd,

A host, of golden daffodils;

Beside the lake, beneath the trees,

Fluttering and dancing in the breeze.

영문판 문예지를 보는 몽규와 처중.

몽규   우리도 민족 문화를 고양할 잡지를 만들자.

처중   잡지?

몽규   문예지를 만들자고.

#30
예배당

몽규, 처중, 동주가 예배 중이다.
동주가 성가대 쪽으로 무심코 시선을 돌리는데
여학생이 성가대에서 찬양을 하고 있다.

> **몽규**   (목소리) 내가 콩트를 쓰고, 처중이가 산문을 쓰고,
> 동주가 시를 쓰고.
>
> **처중**   (목소리) 대학생들이 아니어도 되지, 뭐. 좋은 글이
> 고 민족정신을 고양시킬 만한 글이면 누가 썼는가
> 는 중요한 게 아니잖아?

여학생의 모습에 시선을 떼지 못하는 동주.

> **몽규**   (목소리) 좋은 생각이야. 일단 추천을 받아서 글 깨
> 나 쓴다는 사람들을 만나 보자고.

예배가 끝나고 다들 자리에서 일어서는데….
동주가 성가대 여학생을 쫓아갈 듯이 시선을 떼지 못하고 고개를
돌리는데.
몽규가 동주의 등을 탁 친다.
멍하니 몽규 쪽으로 고개를 돌려 보는 동주.

몽규   (목소리) 동주야. 동주야 -.

정신 차리려는 듯 눈에 힘을 주며 몽규를 바라보는 동주.

#31
옥인동 하숙집

교자상 위에 잔뜩 쌓여 있는 원고들….
동주가 멍하니 벽에 기대어 있고….
몽규가 원고 하나를 동주의 얼굴 앞에 내밀고 있다.

몽규   동주야 -.
동주   응?
몽규   이거 보라고. 읽을 만하다. 이대 문과 여학생 글인데 제법이야.

동주가 원고를 받아서 읽는다.
역시 글이 제법인 듯 동주의 표정이 진지해진다.

몽규   제법이지? 옥천 출신 이여진이라고. 산문은 몇 번 써 본 적도 없다는데…. 정지용 선생 동향이라서 잘 아는 사이래.

동주   정지용 선생님?

옆에 있던 처중도 이여진의 원고를 읽는다.

동주   정지용 선생님을 한 번만 만나 보면 좋겠다, 진짜.
처중   난 이 여학생을 한 번만 만나 보면 좋겠다. 이 정
        도 글재주면 인물이 조금 떨어지겠지?
동주   인물하고 글재주가 무슨 상관이야?

동주와 처중의 뒤쪽 문가에 누군가 조용히 자리를 잡아 앉는다.
피식거리며 웃음을 참는 몽규….

처중   공평하신 하나님이시라 이 정도 재주를 주시면서
        인물까지 훌륭하게 하셨을 리가 없어. (몽규를 보며
        주저리주저리) 그렇지? 분명히 인물보다 재주가 더
        좋으니까 경성까지 유학을 보낸 거 아니겠어? 내
        가 의예과에서 천재적인 여성 몇을 봤는데…. 역시
        신은 공평했어.

끝내 웃음을 참지 못하고 낄낄거리며 바닥을 구르며 웃는 몽규.
몽규의 반응에 이상한 낌새를 느낀 동주…. 천천히 고개를 뒤쪽
으로 돌려 본다.
뒤돌아보니 바로 뒤에서 웃으며 자신을 바라보는 이여진.
— 바로 예배당에서 만났던 여학생이다.

몽규   (바닥을 구르며) 인사들 해. 이여진이야.

멍하니 서로를 바라보는 처중과 동주.
양손을 동주와 처중에게 내미는 이여진.
동주와 처중이 놀라서 두 손으로 여진의 손을 잡는다.

여진   따로 소개 안 해도 되겠네? 잘 아는 거 같아서.

웃으며 동주와 몽규의 양손을 흔들어 보는 여진.

그 여자 (동주 목소리)

**함께 핀 꽃에 처음 익은 능금은
먼저 떨어졌습니다.**

오늘도 가을 바람은 그냥 붑니다.

잡지 편집을 위해 원고를 읽는 몽규, 처중, 동주, 여진.

여진   (원고를 동주에게 보이며) 이거 니가 쓴 거야?
동주   (원고를 확인하고) 어….
몽규   좋지? 더 좋은 것도 많아.

동주를 바라보는 여진…. 동주가 시선을 피한다.

길가에 떨어진 붉은 능금은

지나는 손님이 집어 갔습니다.

#32

독방 (밤)

식은땀을 흘리며 모포 위에 누워 있는 동주….

얼굴이 초췌해져 있다.

늙은 의사가 동주의 동공을 확인하고… 혈압을 재고….

간수가 그 뒤에서 내려다보고 있다.

복도 너머로 한 무리의 장교들이 걸어 들어온다.

앞쪽에서 안내를 하는 간수장.

동주의 상태를 체크하던 늙은 의사가 장교들이 다가오자 벌떡 일어선다.

장교 무리들 중에 센바 교수가 동주 쪽으로 다가온다.

센바　　(동주를 내려다보며) 조선인인가?

간수장　예.

장교가 간호사에게 차트를 건네받는다.

살펴보는 장교.

센바 　　　(차트를 보며 혼잣말처럼) 일주일에 3회 투여…. (동주
　　　　　　를 힐끔 보며) 감염 여부는?

의사 　　　아직은 없습니다.

간호사에게 차트를 다시 건네는 센바.
뒤에 있던 장교 하나가 문제지 하나를 동주에게 건넨다.
수학 문제와 암기력 시험 문제 같은 것들이다.
무슨 영문인지 모르겠는 동주.

센바 　　　뭘 멍하니 보고 있나? 빨리 풀어-.

무슨 영문인지도 모르고 쭈그려 앉아 문제를 푸는 동주.
다시 간수장의 안내를 받으며 우르르 빠져나가는 무리들….
의사와 간호사가 여전히 긴장한 듯 서 있다.
차트에 무언가를 쓰고 간호사에게 지시를 하는 의사….
작은 창 너머로 밤하늘을 올려다보는 동주….

별 헤는 밤 (동주 목소리)

**계절이 지나가는 하늘에는
가을로 가득 차 있습니다.**

**나는 아무 걱정도 없이
가을 속의 별들을 다 헤일 듯합니다.**

#33

옥인동 하숙집 (밤)

하숙방 창 위로, 별이 반짝인다.
늦은 밤까지 불을 밝히고 원고들을 교정하는 처중, 동주, 여진, 몽규.

> **가슴속에 하나 둘 새겨지는 별을**
> **이제 다 못 헤는 것은**
> **쉬이 아침이 오는 까닭이오,**
> **내일 밤이 남은 까닭이오,**
> **아직 나의 청춘이 다하지 않은 까닭입니다.**

시계를 올려다보는 여진….

처중　(원고를 보며) 시는 동주 거 말고는 실을 만한 게 없다.

몽규　자기 생각을 펼치기에는 산문이 좋지. 시는 가급적 빼자고. 인민을 나약한 감상주의자로 만드는 건 문학이 아니야. (여진을 힐끔 보며) 늦었지?

여진　아니. 좀 더 보고.

처중　볼 만한 게 있어? (원고들을 들고 몽규 옆에 기대며) 이건 필력이 있긴 한데 이광수 선생 작품 같다.

처중의 원고를 집어 들어 살펴보는 몽규.

> **몽규**　(원고를 던지며) 아직도 이광수 흉내를 내는 글을
> 쓰니⋯. 이광수 최남선 같은 변절자들 따라 한 글
> 들은 다 던져 버려-.

몽규가 던진 원고 옆으로 자신이 보던 원고를 던지는 여진.
피식 웃어 버리는 몽규와 여진.

> **동주**　너 이광수 선생 작품만 봤었잖아?
> **몽규**　어렸을 때 얘기지.
> **동주**　지금도 마찬가지지. 관습과 이념에 사로잡혀서 함
> 부로 단정 짓는 건.

이상한 분위기에 긴장하는 친구들.

> **몽규**　관습과 이념을 타파하자고 하는 일이야. 시를 빼
> 자 그래서? (한숨) 나는 이 문예지를 하려는 이유
> 와 목적이 있어. 시를 무시해서 하는 얘기가 아니
> 야.
> **동주**　시도 자기 생각을 펼치기에 부족하지 않아. 사람
> 마음속에 있는 살아 있는 진실을 드러내야 문학은
> 온전하게 힘을 내는 거고⋯. 그런 힘이 하나하나
> 모여야 세상이 변하는 거라고.

몽규　　그런 힘이 어떻게 모이는데? 세상을 변화시킬 용기가 없어서 문학으로 숨는 거밖에 더 돼?

동주　　문학을 도구로밖에 보지 않는 사람들 눈에 그렇게 보이는 거지! 문학을 이용해서 예술을 팔아서 어떻게 세상을 변화시켰는데!? 누가 그렇게 변화시킨 적이 있는데? 민족주의니 애국주의니 공산주의니 이념을 위해 모든 가치를 팔아먹는 게 관습을 타파하는 일이야? 그거야말로 시대의 조류에 몸을 숨기는 썩어 빠진 관습이지!

몽규와 동주 사이에 팽팽한 긴장감이 흐른다.

처중　　(수습) 아… 그래. 둘 다 맞아. 다 맞는데…. (동주를 보며) 일단 시들은 정말 좋은 게 안 들어온 거 같아서 그래.

몽규　　(동주를 보다 여진에게) 늦었으니까 가 봐.

여진　　(웃다가 보던 원고들을 넣으며) 어, 그래. 이제 가 봐야겠어. (일어서다 동주에게) 같이 가 줄래?

잠시 멍하게 서로를 바라보는 동주와 여진.

동주　　내가 왜?

몽규　　바람 좀 쐬고 와. 하루 종일 안 나갔잖아?

여진　　동주한테 궁금한 것도 있어서 그래.

몽규   (동주를 보며) 갔다 와.

여진을 동주가 말없이 따라나선다.

#34
골목길 (밤)

나란히 밤길을 내려오는 동주와 여진.

여진   동주는 문학을 전공하지?
동주   (서먹) 어, 그래. 문학. 영문학.
여진   좋아하는 시인이 누구야?
동주   뭐…. 다 좋아.

별빛을 올려다보는 동주.
반짝이는 별들 위로- 다시-.

프랑시스 잠, 라이너 마리아 릴케 이런 시인의 이름을 불러봅니다.

이네들은 너무나 멀리 있습니다.
별이 아슬히 멀듯이,

여진	동주가 시를 사랑하는 거만큼 몽규도 세상을 사랑해서 그런 거야.
동주	뭐?
여진	몽규가 이념에 사로잡혀서 시를 폄하하는 건 아니라고.
동주	(어색) 어, 그래.

말없이 어색하게 걸어가는 두 사람.
별빛이 반짝인다.

여진	정지용 선생님한테 인사드리러 갈 때가 있어. 같이 갈래?
동주	난… 아직 등단 작가도 아니고…. (수줍) 정지용 선생님은 문인들하고도 연락을 끊었다고들 하던데….
여진	학생들은 만나 주셔.
동주	아… 그래…?

별 하나에 추억과
별 하나에 사랑과
별 하나에 쓸쓸함과
별 하나에 동경과
별 하나에 시와

여진   동주가 쓴 다른 시도 봤어.

동주   (깜짝 놀라 멈추며) 어, 어떻게?

여진   몽규가 보여 줬어.

동주   아직… 남한테 보여 줄 시들이 아닌데….

여진   난 좋았어.

동주   너무 부끄러워서 태워 버리려고 한 건데…. 몽규
        그 자식이 멋대로 가져가서…. 잡지에 넣겠다고-.
        진짜 그럴 시들이 아닌데….

여진   왜 그렇게까지 부끄러워해? 다른 작품들처럼 좋던
        데? 그런데….

동주   ?

여진   좋았는데… 읽고 나서 왠지 좀 쓸쓸해졌어. (미소
        를 띠고) 왜 그럴까?

동주   (정색을 하고) 몽규한테 가 봐야겠어.

여진   다 왔는데? 기숙사 앞이잖아?

동주가 고개를 돌아보니 기숙사 정문 앞이다.

동주   아… 그래…. 다 왔네…. 나 갈게.

뒤돌아 급하게 가는 동주.

여진   동주야!

동주   (돌아보고) ?

여진	정지용 선생님 뵙고 싶지?
동주	(멋쩍게 웃는다.)
여진	같이 가자.

기숙사로 들어가는 여진….
다시 돌아가는 동주.

나는 무엇인지 그리워

이 많은 별빛이 나린 언덕 위에

내 이름자를 써 보고,

흙으로 덮어 버리었습니다.

#35
하숙방 (밤)

들어오는 동주, 다짜고짜 몽규에게.

동주	여진이 왜 보여 줬어?
몽규	뭐래? 좋다고 안 해?
동주	몰라. 넌 왜… 내 말을… 아무한테도 안 보여 줄 거라니까….
몽규	여자들한테 통할 시라니까…. 여진이가 뭐래?

동주   … 읽고 나면 쓸쓸해진다고….

몽규   통했네.

낄낄거리며 웃는 처중과 몽규….

창가에 앉는 동주, 별빛을 올려다본다.

따는 밤을 새워 우는 벌레는

부끄러운 이름을 슬퍼하는 까닭입니다.

#36

독방 (밤)

여전히 달빛을 보는 동주….

그러나 겨울이 지나고 나의 별에도 봄이 오면

무덤 위에 파란 잔디가 피어나듯이

내 이름자 묻힌 언덕 위에도

자랑처럼 풀이 무성할 게외다.

형무소―복도 계단

특고가 걸어 들어간다.
간수장이 기다렸다는 듯이 다가온다.

간수장   저… 저번 주에 사망자가 5명 늘었습니다.

특고   (천천히 보며) 그래서?

간수장   형기를 채우지 못한 수감자들이 이렇게 많이 죽어
나가면 제 입장이 뭐가 되겠습니까?

특고   지금 당신의 입장이 중요해?

간수장   저야… 당연히….

특고   당신이나 나나 지금은 군부의 명령대로 움직이는
거 아니야?

특고가 간수장을 지나쳐 간다.
괜한 얘기를 꺼낸 간수장이 한숨을 내쉰다.

#38
취조실

속기사들이 일본어 번역이 끝난 동주의 원고를 정리한다.

마지막 시를 일본어로 쓰고 특고에게 넘기는 동주.

특고가 여러 장의 서류 뭉치를 동주 앞에 내민다.

서류를 살펴보는 동주.

> **동주**   우리가 맞고 있는 주사가 뭡니까?
>
> **특고**   그건 의사한테 물어보고 (서류를 던져 주며) 여기 해
> 당 사항이 있는 곳에 사인을 해라.

다시 서류를 살펴보는 동주.

> **동주**   (서류를 보며) 재교토조선인 유학생을 규합해 유사
> 시 무장 봉기을 획책….

고개를 드는 동주.

> **특고**   송몽규와 함께 꾸민 일이잖아? 사인해.
>
> **동주**   (서류를 보며) 비밀리에 조선어 교육 활동과… 징집
> 령을 이용해 황군의 주요 거점 시설로 침투….
>
> **특고**   송몽규와 니가 계획했던 일 아닌가?
>
> **동주**   말도 안 되는 얘기입니다.
>
> **특고**   (동주의 원고 상자를 만지며) 너의 사상적 바탕이 여
> 기 다 있잖아? 너는 그저 송몽규의 리더십을 추종
> 하는 문학청년일 뿐이란 건가?
>
> **동주**   몽규도 우리와 함께 문예지를 만든 문학청년일 뿐

입니다.

특고 서구 문학에 빠져든 나약한 조선인 유학생. 현실을 외면하거나 보지 못하는 이상주의자. 나르시시즘에 빠진 병원 문학, 순진한 문학청년 - . 모든 일은 송몽규의 지시 - ! 그래서 난 억울하다, 그런 얘기인가?

동주 몽규도 평범한 유학생일 뿐입니다!

#39
하숙방 (밤)

짐을 싸고 있는 몽규.
동주가 들어온다.

동주 짐은 왜 싸?

몽규 태평하게 대학생활이나 즐길 때냐? 부모님 걱정하실까 봐 너 따라 경성에 온 거야.

동주 어디로 갈 건데?

몽규 (보다가) 넌 모르는 편이 나아. 여신이나 잘 챙겨. 집안도 좋고, 의식 있는 어른들이 주변에 많아. 정지용 선생도 그렇고. 도움이 많이 될 거야.

동주 (한숨) 넌 왜 항상 이런 식이냐?

나가려다 돌아보는 몽규.

몽규   (조금 다가와 작은 소리로) 지금 임시정부로 레닌 자
       금이 들어가고 있어. 사람이 많이 필요해. 세상이
       날 필요로 하는데 어떻게 가만히 책만 보며 살겠
       니?
동주   임정 사령부가 중경으로 갔다던데 거기까지 가려
       고?
몽규   몰라도 돼.

돌아서 나가는 몽규.
창가에서 골목을 나가는 몽규에게….

동주   너는 왜 나랑 같이 가자는 말은 안 해?
몽규   넌 여기 있어야지.

몽규가 사라진 쪽을 바라보는 동주.

#40
정지용의 집—방

동주가 여진의 안내로 정지용 시인의 집 안으로 들어간다.

정지용에게 큰절로 인사를 하는 동주….
술을 마시며 인사를 받는 정지용….

정지용	자네….
동주	?
정지용	시인이더구만.
동주	예?
정지용	읽어 봤더니… 시인이야. 근데… 시는 그만 써.
동주	?
정지용	지금이 시나 쓸 시대인가? 지금은 아니야. 일본이 미쳐 돌아가고 있어. 창씨개명이라니…. 일본 이름으로 일본 시를 써야 되는 세상이야…. 연전 다닌다고?
동주	예.

여진과 동주에게도 잔을 따라 주는 정지용.

정지용	윤치호가 교장으로 간다더군. 이제 일본인 교장으로 바뀌는 것도 시간문제야. (잔을 비우며) 연전에서도 조선어 교육을 못 할 건데… 이제 어떻게 하냐고….
동주	사실 저도 고민을 하고 있습니다. 계속 조선 땅에 남아 있어야 할지….
정지용	아니면? 임시정부로 갈 텐가?

술잔을 비우다 멈칫하는 동주.

여진이 동주를 바라본다.

정지용   차라리 일본으로 가. 일본에도 좋은 선생이 많이
        있어. 나도 교토에서 보낸 시절이 좋았어. 지금도
        교토를 흐르는 압천이 눈앞에 선해.

동주   전 선생님의 「압천」을 걸작이라고 생각합니다.

여진   진심이에요. 동주는 선생님의 「압천」을 베껴 쓰고
        걸작이라고 적어 놨어요.

동주   그런데… 창씨개명을 하면서까지 유학을 가야 할
        지 모르겠습니다. 그렇게까지 해서 유학을 간다는
        게 부끄러운 생각이 들어서요.

정지용   부끄럽지. 부끄러운 일이야. 침묵하고 있는 나도
        부끄럽고, 술에 취한 나도 부끄럽고, 일본으로 유
        학 가라고 권하는 나도 부끄럽네. 부끄럽지 않게
        사는 게 얼마나 어려운 일이겠나? 부끄러움을 아
        는 건 부끄러워할 일이 아니네. 부끄러움을 외면
        하는 게 부끄러운 일이지.

#41
정지용의 집 앞

여진과 동주가 나온다.

> 여진   정말 일본으로 유학 갈 생각이 있어?
>
> 동주   창씨개명을 해야 하잖아….
>
> 여진   조선에 있어도 해야 돼. 연전에서 조선어도 못 쓴
>   다잖아. 몽규는 가면서 뭐래?
>
> 동주   몽규는… 불나방 같은 놈이야. 옆에 같이 있으면
>   같이 타 들어갈 거야.
>
> 여진   동주는 평생 같이 있었잖아?

말없이 동주를 바라보는 여진….

#42

연희전문 캠퍼스

벽보에 모여든 학생들….
처중과 동주가 인파를 비집고 벽보로 다가간다.
창씨개명에 관한 포고문….
그 옆에 이광수를 비롯한 저명인사들의 창씨개명 독려문들이 있
다.

> 처중   (포고문 읽으며) '창씨개명을 8월까지 완료하라'….

학교 다니기 힘들겠다.

동주가 심각하게 포고문을 읽고 있다.
옆 건물 사무실에서는 창씨개명계를 내는 줄이 이미 이어지고 있
다.
학교 직원이 모여 있는 학생들에게 창씨개명 서류를 나눠 준다.
인파 너머로 보이는 여진….
여진이 동주를 보고 다가선다.

    여진   동주는 어떡할 거야?

    동주   모르겠어. 일단 고향으로 돌아가서 생각해 보려
              고.

교직원들이 창씨개명계를 동주와 여진에게도 나눠 준다.

    여진   (창씨개명계를 보고) 나… 몽규는 안 기다릴게. 고향
              잘 다녀와.

다시 인파 속으로 사라지는 여진.
여진을 바라보던 동주가 창씨개명계를 찢는다.
학교 직원, 학생, 헌병대원 등이 동주를 바라본다.
동주를 몸으로 가리는 처중.

    처중   (옆에서 조용히) 야… 안 보이는 데서 찢어.

주위 시선은 의식하지 않고 창씨개명계를 찢는 동주.

무서운 시간 (동주 목소리)

거 나를 부르는 것이 누구요.

가랑잎 이파리 푸르러 나오는 그늘인데,
나 아직 여기 호흡이 남아 있소.

#43
취조실

창 너머로 파도가 일렁인다.

일을 마치고 내 죽는 날 아침에는
서럽지도 않은 가랑잎이 떨어질 텐데……

나를 부르지 마오.

특고가 창가에서 동주의 서류를 검토하다 돌아서 동주에게 다가
선다.
다시 서명할 서류를 동주 앞에 내미는 특고.

특고	연전 졸업을 앞두고 송몽규는 중경으로 갔다. 알고 있나?
동주	모릅니다.
특고	송몽규는 임시정부의 지시로 군사자금을 모으는 활동을 했다. 그 때문에 북경에 있는 임시정부 조직이 위험에 노출될 뻔했지. 왜 했다고 생각하나?
동주	모릅니다.
특고	몰라? 제남 영사관 소속 경찰들에게 체포된 송몽규를 웅기 경찰서에서 면회한 게 너 아니었어? (면회 기록 서류를 흔들며) 기록에 다 나와 있는 걸 넌 왜 끝까지 모른다고 해!?

특고가 몰아치듯 취조를 한다.
동주의 흔들리는 눈동자.

#44
용정—동주의 방 (밤)

비명을 지르며 벌떡 일어나는 동주… 식은땀을 흘리고 있다.
그런 동주를 멍하니 바라보는 남동생과 여동생.

여동생	괜찮아요?

동주   (멍하니) 어…? 어….

남동생   밤새 소리 지르고… 대학 공부가 그렇게 힘들어
         요?

동주   (피식 웃으며) 공부가 힘들 게 뭐 있냐?

남동생   (다시 잠자리에 누우며) 난 힘들던데….

동주   공부가 힘들면 커서 뭐가 될 건데?

남동생   사람이 되지.

피식 웃는 동주.

여동생   공부를 해야 사람이 되지….

동주   그래. 공부를 해야지….

동생들을 바라보다가 자리에서 일어서는 동주,
책장에서 책을 꺼낸다.

동주   이제 조선어로 노래도 못 하고 글도 쓰지 못하게
         될 거야. 조선어로 된 책들을 잘 챙겨 둬.

책장에서 꺼낸 책들을 바라보는 동생들.

아우의 인상화 (동주 목소리)

붉은 이마에 싸늘한 달이 서리어

아우의 얼굴은 슬픈 그림이다.

잠들어 있는 동생들….
동주가 동생들을 바라본다.
달이 밝다.

발걸음을 멈추어
살그머니 앳된 손을 잡으며
'늬는 자라 무엇이 되려니'
'사람이 되지'
아우의 설은, 진정코 설은 대답이다.

잠든 아우를 바라보는 동주….
손을 잡아 본다.
잡았던 손을 놓고 아우의 얼굴을 바라보는 동주.
밖에서 소란스러운 소리가 들려온다.

몽규부   (목소리) 몽규가 지금 유치장에 있대요….
동주부   (목소리) 아니… 왜?
몽규부   (목소리) 이걸 또 어떡하면 좋아요?

동주의 눈빛이 반짝인다.

#45

용정—동주의 집 안방 (밤)

동네 어르신들이 둘러앉아 있다.
심각한 분위기.
동주부와 몽규부 사이에 앉아 있는 동주.

어른 1   그놈이 그래서 어디 잡혀 있다는 거야?

어른 2   몽규가 어려서부터 빨갱이 물도 들고 나서길 좋
아했잖아요. 결국 이런 사단이 날 줄 알았다니까
요….

동주부와 몽규부가 인상을 쓰자 머쓱해하는 어른 2.

몽규부   특고 형사들이 북경에서부터 따라붙었다는데 쉽
게 풀려날 길이 없을 거 같습니다.

무슨 영문인지 동주의 눈빛도 반짝인다.

어른 2   이게 다 우리가 너무 김구 선생 쪽에 서서 그런 거
아니오. 적당히 눈치껏 행동해야 되는데….

어른 1   우리가 빨갱이 편에 설 수도 없잖소?

어른 2   우리가 빨갱이 등살에 명동 땅도 떠난 거 아니
요….

몽규부　　(버럭) 그만해라! 몽규를 빼내는 게 먼저 아니야?

동주부　　(동주에게) 몽규가 경성에서 너한테 따로 전한 말은 없냐?

천천히 고개를 젓는 동주….

어른들이 깊은 한숨을 내쉰다….

여기저기서 담배 연기가 피어오르고….

조용히 누워 있던 동주의 할아버지가 살며시 앉으며 말을 꺼낸다.

조부　　예전에….

모두 고개를 들고 노인을 바라본다.

조부　　일본 낭인들 중에 이런 일에 나서길 좋아하는 자가 있어서… 도움을 받은 적이 있었어. 김약연 선생이 명동 학교를 재건할 때 힘을 써 준 자인데… 이름이 뭐였더라….

기억을 더듬으며 담배 연기를 내뿜는 노인.

#46
음식점

중국인과 일본인 사업가가 창가에 앉아 있다.
그 가운데에 덩치가 좋은 일본인이 앉아 있다.

> **조부**　　(목소리) 아, 맞아. 히다카 헤이시로. 그자야.

서류를 살피는 중국인….
맞은편 일본인이 떨고 있다.

> **조부**　　(목소리) 레닌한테까지 자금줄을 대 준다는 소문이
> 있어. 이런 일에 나서는 걸 좋아해. 일본 낭인들 중
> 에서도 특히.

서류에 서명하는 일본인 사업가.
서류를 확인하고 중국인에게 넘기는 일본 낭인 히다카….
만족스러운 듯 자리에서 일어나 외투를 입는다.

> **히다카**　　(사업가에게) 훌륭해. 내가 이번에 빚을 졌으니 다음
> 엔 반드시 갚지.
> **사업가**　　(조심스럽게) 저… 그래도 증빙이 될 만한 서류
> 를….

걸음을 멈추고 돌아보는 히다카.

> **히다카**　　(다가서며) 증거…?

말을 해 놓고 벌벌 떠는 일본인 사업가.

천천히 다가서 일본인 사업가 앞에 손을 짚는 히다카….

사업가가 떨고 있는데… 칼을 꺼내 보인다.

천천히 자신의 새끼손가락을 자르는 히다카….

끔찍해서 기겁하는 사업가와 중국인….

하얀 목도리로 손가락을 감싸 안는 히다카….

돌아서 걸어 나가며….

히다카   그거면 증거가 되겠나?

벌벌 떨며 남겨진 새끼손가락 마디를 내려다보는 사업가.

#47
용정—경찰서 앞

차 안에서 긴장된 표정으로 기다리고 있는 동주부, 몽규부, 동주.

곧이어 히다카가 거들먹거리며 경찰서에서 나온다.

앞자리에 올라타 앉는 히다카,

담배를 물고 돌아본다.

마른침을 삼키며 히다카의 말을 기다리는 몽규부.

동주가 힐끔 히다카의 새끼손가락을 본다.

히다카   송몽규… (몽규부를 보며) 재미난 아이야. 김구 쪽
　　　　　　자금을 모으느라고 중국 군벌들하고 담판을 짓고
　　　　　　있었나 봐.

히다카의 말에 놀라는 동주부와 몽규부.

히다카   중국인들을 우습게 봤어. 군벌들 자금 흐름을 쫓
　　　　　　다가 일본군한테 잡혔대. (낄낄거리며) 뭐 이런 엉뚱
　　　　　　한 놈이 다 있어. (웃음을 진정시키고) 하여간 들어가
　　　　　　봐. 30분 면회야.

인사를 하고 일어서려는 몽규부를 붙잡는 히다카.

히다카   잠깐, 동주가 누구야?

동주를 보는 몽규부….

히다카   (동주에게) 니가 동주야?
동주　　… 예….
히다카   들어가 봐. 너만 만나겠다고 해.

아버지들이 고개를 끄덕이자 차에서 나가는 동주.

히다카   몽규 빼내는 건 문제없는데 나와서 애 단속 잘하

라고. 나까지 곤란해지니까.

몽규부   이거… 정말 큰 신세를 졌습니다. 어떻게 보답이라
            도 해야 될 텐데.

히다카   보답? 날 만족시킬 만큼 보답들을 할 수 있소?

히다카   용정 땅에서 조선인들을 도와준 히다카를 기억하
            라고. 세상이 어떻게 변해도 그것만 기억들 해 달
            라고.

호탕하게 웃는 히다카….

#48
경찰서—유치장

유치장 접견실로 들어오는 동주….

몽규는 이미 와 있다.

천천히 다가서는 동주….

몽규의 얼굴 모습이 점점 선명해진다.

여기저기 상처투성이인 몽규의 모습….

동주는 몽규의 몰골에 놀라지만, 몽규는 그런 동주를 보고 미소
짓는다.

몽규   그렇게 보지 마라. 창피하다.

동주   너… 괜찮은 거야?

몽규   방학이라 와 있을 줄 알았다.

동주   이제 그만해라. 불나방같이 사는 거. 불안해서 못 보겠다.

몽규   누구나 자기 길이 있다. 불안해하지 마.

동주   (다가와 조용히) 얼굴은 왜 그렇게 된 거야?

간수들 눈치를 살피다 조용히 다가오는 몽규.

몽규   죽다 살아났다. (엷은 한숨) 임정이 힘들어. 자금줄도 막혔고. 조금 위험한 일을 했어.

여유 있는 미소의 몽규… 동주가 어이가 없다.

몽규   여진이 잘 있냐?

동주   (긴장) … 그럼….

몽규   잘 챙겨 줘라. 좋은 여자야.

동주   얼른 나와서 니가 챙겨 줘라.

몽규   (더 다가와) 여진이 집안을 움직여야 돼. (조용히) 옥천에서 군자금을 대 줄 집안이 몇 있어. 여진이가 큰 힘이 돼 줄 거야. 잘 지내고 있어.

멍하니 몽규를 바라보는 동주… 혼란스러운 기분….

84

| 동주 | …. 넌… 여진이를 그렇게밖에 안 보는 거냐? |

뒤로 천천히 기대어 앉는 몽규….
차분한 표정을 짓는다.

몽규	여진이가 아무것도 모르는 어린아이 같아?
동주	(한숨) 모르겠다. 난… 사람 감정을 이용한다는 게.
몽규	이제 여진이 얘기는 안 꺼낼게. 연전은 괜찮냐?
동주	(말없이 있다가 고개를 숙인 채) 교장이 바뀌고… 조선 어 교육도 금지됐어.
몽규	좋은 시절 다 갔네.

시간이 다 된 듯 헌병들이 다가온다.

| 몽규 | (일어나 나가며) 동주야… 이젠 어딜 가든 같이 가 자. 응? |

나가는 몽규를 보는 동주.

#49
용정—동주의 집 (밤)

잔치가 벌어진다.

평상에서 술잔을 기울이는 동주부와 몽규부.

아이들은 들떠서 뛰어다닌다.

군데군데 술자리에서 어른들에게 인사를 다니던 몽규가 동주에게
눈짓을 보낸다.

#50
용정—정미소/동주의 방 (밤)

창고 안쪽으로 들어오는 동주와 몽규.

몽규 동주야, 일본으로 가자.

동주 일본 어디?

몽규 어차피 요시찰인이 돼 버렸어. 그럴 거면 차라리
공부라도 제대로 하자고. 조선 땅에서 일본어로
일본 이름을 갖고 공부를 할 바에는 그편이 낫지
않겠어? 교토제국대학으로 가자. 너도 교토는 가
고 싶어 했잖아?

동주 시험은…?

몽규 너랑 나랑 몇 달만 공부하면 돼. 졸업할 때까지 몇
달만 연전에서 준비를 하자고. 부모님도 좋아하실
거야.

문틈 사이로 보이는 어른들의 술자리….

안도의 분위기가 느껴진다.

> **몽규**　공부해서 출세하겠다는데 싫어하실 리가 있겠어?
>
> **동주**　다른 뜻이 있는 건 아니지? 위험한 일은 더 하지 마.
>
> **몽규**　공부하겠다는 건데, 뭐.

술을 마시다 감정이 북받쳐 눈물을 흘리는 몽규부….

작은 틈 사이로 보인다.

#51
용정―동주의 집 안방

부모님 앞에서 무릎을 꿇고 이야기를 나누는 동주.

> **동주부**　문학이란 것이 공부를 해봐야 선생 아니면 기자밖에 더 되는 거냐?
>
> **동주**　그렇지 않습니다. 교토제대 출신이면 일본인들도 무시하지 않고 무슨 일을 하더라도 대우를 받으니까요.
>
> **동주부**　교토제대야 명문이니 그러긴 하겠지만, 조선인들

이 쉽게 들어가겠냐?

동주   열심히 해보겠습니다.

깊은 한숨을 내쉬는 동주부.

#52
기차 안

나란히 좌석에 앉아 있는 몽규와 동주….
열차가 출발한다.

바람이 불어 (동주 목소리)

바람이 어디로부터 불어와
어디로 불려가는 것일까,

#53
하숙방 (밤)

엉망진창 누군가 헤집고 다닌 상태.

여기저기 책이 널브러져 있다.

바람이 부는데
내 괴로움에는 이유가 없다.

멍하니 방 안을 바라보는 동주와 몽규.
처중이 뒤편에 서 있다….

　　　　처중　　　이틀에 한 번 꼴로 특고 형사들이 와서 다 뒤져 갔
　　　　　　　　　어. 나까지 여기저기 불려 다녔다고. 도대체 무슨
　　　　　　　　　일을 하고 다니는 거야?

동주가 어지럽혀진 자신의 책 가지를 살펴본다.

　　　　몽규　　　뭐… 어차피 한 번 집 정리 하려고 했어.

방으로 들어가 집을 정리하는 몽규.
처중이 어이없는 얼굴로 바라본다.
동주가 벽 틈 사이로 손을 집어넣어 자신의 시를 꺼내 본다.
자신의 시를 적어 놓은 원고들….

　　　　처중　　　(원고를 보며) 그거 발각됐으면… 끔찍하다.
　　　　몽규　　　얼른 하나 필사해 놔.
　　　　동주　　　뭐?

몽규	특고 형사들이 언제 또 들이닥칠지 몰라. 하나 더 필사해서 숨길 데를 처중이 니가 알아봐.
처중	(애써 아무렇지 않은 척) 그래, 너네가 갖고 있는 것보다 안전하겠다….

#54
연희전문 강당

졸업식이 진행된다.
윤치호가 일본어로 축사를 하고….

윤치호	서구 열강의 틈바구니 속에서 아시아가 살아남는 길은 아시아가 전체가 힘을 모으는 길이다…. 그 선봉에 설 제국의 일군들로 성장한 제군들 모두 자랑스러우며…. 특히 우수한 성적을 남긴 학생들에게 그동안 노고를 치하하는 바이다….

우등상을 받는 몽규가 단상에 올라 상패와 상품을 받는다.
씁쓸히 바라보는 동주.
'대동아공영권'이라는 제목의, 군국주의를 미화하는 책이다.
계단을 내려오다 제목을 보고 집어던지는 몽규.

몽규   에라이-. 이따위 걸 상품이라고! 주지나 말지!

얼굴을 붉히는 윤치호.
통로를 빠른 걸음으로 걸어 나가는 몽규를 바라보고 따라나서는
동주.

#55
연희전문 캠퍼스―강당 앞

뒤따라 뛰어나오는 동주.
몽규가 다가온다.

동주   졸업식 날 상장을 던져 버리면 어쩌자는 거야?

몽규   그게 상장이냐? 희롱이지!

동주   유학 갈 생각이 있는 거야?

몽규   출세한다니까.

동주   믿어도 돼?

몽규가 동주를 바라본다.

몽규   날… 예수님 다음으로 믿어라.

동주   ….

몽규　　　나도 그럴 거니까.

돌아서 멀어지는 몽규….
멀어지는 몽규를 바라보는 동주.

자화상 (동주 목소리)

한 사나이가 있습니다.
어쩐지 그 사나이가 미워져 돌아갑니다.

#56

형무소

죄수복을 입은 사내들 사이로 연병장 주변을 걷는 동주….
우물에서 물을 길어 나르는 죄수들.
우물 위로 구름이 지나간다.
우물 위로 얼굴을 드러내는 동주…

돌아가다 생각하니 그 사나이가 가엾어집니다.
도로 가 들여다보니 사나이는 그대로 있습니다.

철조망 사이로 태양이 걸려 있다.

극도로 쇠약해져서 낯빛이 점점 어두워지는 동주… 걸음을 멈춘다.

다시 그 사나이가 미워져 돌아갑니다.
돌아가다 생각하니 그 사나이가 그리워집니다.

멀리서 사라지는 사상범들의 행렬에서 얼핏 몽규의 뒷모습 같은 것이 어른거린다.

#57
취조실

다시 서명할 서류를 동주 앞에 내미는 특고.

> **특고**   교토제대에 입학하자고 얘기를 꺼낸 것도 송몽규
>   지?
>
> **동주**   아닙니다. 정지용 선생님이 추천하셨고… 유학은
>   제 의지로 간 것입니다.
>
> **특고**   교토로 유학을 가려고 마음먹은 건 언제부터야?
>
> **동주**   정지용 선생님 추천을 받고….
>
> **특고**   그러면 정지용을 만난 것은 언제야?
>
> **동주**   39년 10월에 만났습니다.

특고   그러면 왜 그때 창씨개명을 안 한 거지? 너는 송
                      몽규가 돌아온 이후에 같은 날짜에 창씨개명을 했
                      잖아?

동주가 자신 앞에 서류를 바라본다.

#58

부산항 (밤—아침)

어둡고 붉은 파도가 밀려온다.
부산항 근처 여관에서 바다를 내려다보는 동주와 몽규.
도항증명서를 보는 몽규….
동주가 쓸쓸한 눈빛으로 바라본다.
창씨개명된 이름 - 히라누마 도쥬(平沼 東柱) 자신의 이름을 보는
동주.

몽규   여기 남아도 어차피 일본 이름으로 살아야 돼.

참회록 (동주 목소리)

파란 녹이 낀 구리 거울 속에
내 얼굴이 남아 있는 것은

어느 왕조의 유물이기에

이다지도 욕될까

해가 뜬다.
날이 밝고 배가 도착했는지 승객들이 분주히 움직인다.

몽규　　가자.

출렁이는 파도 위로 자신의 모습을 비춰 보는 동주.

나는 나의 참회의 글을 한 줄에 줄이자

— 만 24년 1개월을

무슨 기쁨을 바라 살아 왔던가

내일이나 모레나 그 어느 즐거운 날에

나는 또 한 줄의 참회록을 써야 한다.

— 그때 그 젊은 나이에

왜 그런 부끄런 고백을 했던가

한숨을 길게 내쉬고 자리에서 일어선다.

밤이면 밤마다 나의 거울을

손바닥으로 발바닥으로 닦아 보자.

동주의 모습이 비춰지는 이미지 연결들… 동선에 따라….

그러면 어느 운석 밑으로 홀로 걸어가는

슬픈 사람의 뒷모양이

거울 속에 나타나 온다.

쇼윈도로 보이는 동주의 뒷모습.

#59

교토대 시험장 (교실)

시험 감독관이 출석을 부른다.

> **감독관**　소무라 무게이ー.
>
> **몽규**　(손을 들며) 하이.
>
> **감독관**　히라누마 도쥬ー.
>
> **동주**　(손을 들며) 하이….

서로의 얼굴을 바라보는 동주와 몽규.

감독관이 출석을 부르다가 시험지를 나눠 준다.

긴장된 얼굴로 시험지를 바라보는 동주와 몽규.

교토대 본관 앞

벽보로 합격자 명단이 발표된다.

바짝 몰려드는 학생들.

몽규와 동주도 확인을 하려고 인파 속을 헤집고 들어간다.

명단을 확인하던 몽규와 동주의 표정이 미묘해진다.

돌아서 나오는 동주….

몽규가 따라 나온다.

    동주   (몽규 쪽으로 돌며) 축하한다. 대단하다.

실망해서 돌아서는 동주를 따라가는 몽규.

    몽규   (붙잡으며) 동주야. 다른 학교도 시험 봐야지.

    동주   (생각) 다른 학교는 생각도 안 해봤어.

    몽규   입교대학*을 봐. 나도 떨어지면 입교대학교로 시험을 볼 생각이었어. 기독교계 미션 스쿨이라서 다니기도 제국 대학들보다 훨씬 나을 거야.

흔들리는 동주.

* 릿쿄대학.

몽규   동주야, 날 믿어라.

강하게 설득하는 몽규의 눈동자에 이미 마음을 정한 동주의 표정.

#61
용정—동주네 동네

동주의 여동생과 남동생이 편지를 들고 열심히 뛰어간다.
기다리던 동주와 몽규의 부모들이 편지를 받아 들고 동주의 집 안으로 들어간다.
편지를 읽는 몽규부.
식구들이 모두 긴장하며 편지를 읽는 몽규부를 기다린다.
묘한 표정의 몽규부….

몽규부   송몽규는 교토제대 서양사학과에 입학을 했다는 군.

환호를 지르는 식구들….

몽규부   윤동주도….

다시 긴장하는 식구들….

    몽규부   합격을 했다는군….

다시 환호를 지르는 식구들….

    몽규부   그런데….

다시 긴장하는 식구들….

    몽규부   교토제대가 아니라 도쿄에 있는 입교대 영문학부
             라는군.
    동주부   교토제대는 떨어진 거야?
    몽규부   그런가 봐. 하긴 워낙 들어가기 힘든 학교니까.
             (편지를 보며) 기독교계 미션 스쿨이고 좋은 학교라
             는군.
    동주부   뭐, 어디든 지 하고 싶은 공부하면 되는 거지, 뭐.

다른 식구들이 몽규부의 손에 있던 편지를 뺏어서 읽기 시작한다.

#62
압천

압천의 강 길을 따라 걷는 동주.

동주　(목소리) 교토에 있는 동안 거의 매일 압천을 찾았
　　　　습니다. 정지용 선생님의 작품 속 압천만큼 감동
　　　　을 주지는 못하지만 좋은 시상이 떠오를 때면 어
　　　　느새 압천을 따라 걷고 있는 자신을 발견합니다.

#63
교토 거리 (밤)

교토의 뒷골목….
게이샤들이 지나다니는 이국적 풍경….
동주가 골목을 지나간다.
골목 안쪽에서 조선인 유학생 학생 1과 포장마차에 있는 몽규가
보인다.
동주를 보고 손짓하는 몽규.
동주가 다가간다.

몽규　표 끊었어?
동주　(학생 1을 보며) 어.
몽규　(동주의 눈치를 보고) 도시샤대학 학생이야. 조선인
　　　　유학생들 모임이 있어…. (조선인 학생에게) 동주라

고. 릿쿄대 입학한 친구야.

학생 1 릿쿄대? 도쿄는 지내기가 쉽지 않을 거 같은데….

동주 도쿄가 왜요?

학생 1 군부가 도쿄 사립대 학생들을 괴롭혀서 많이들 옮겼어요. 제국대 다니는 조선인 유학생들은 그나마 나은데….

몽규 조선인 유학생들도 징집되는 건 시간문제야.

학생 1 나도 징집되기 전에 제국대학으로 편입을 할까 싶어.

몽규 징집을 왜 피해?

동주 그럼 끌려가자고?

몽규 일본군이 강한 이유는 일본군에 들어가 봐야 아는 거 아니야? 내가 일본에 왜 유학을 왔는데?

정종을 마시며 꼬치구이를 씹는 몽규….
동주가 몽규를 의심스럽게 바라본다.

몽규 몇 시 기차야?

동주 어…. 아침 8시.

몽규 들어가서 쉬어. 난 이 친구랑 얘기 좀 더 해야 돼.

동주 어…. 그래…. (학생 1을 힐끔 보고) 나 먼저 들어갈게.

학생 1 다음에 또 봐요.

학생 1에게 인사를 하고 하숙집 입구로 향하는 동주….

하숙집 입구로 들어서려다 다시 몽규 쪽을 힐끔 본다.

진지한 얘기를 나누고 있는 몽규와 학생 1.

#64

복도

간수들이 문을 열고 들어온다.

동주가 익숙한 듯이 끌려 나간다.

사상범 몇몇이 줄지어 있다.

멍하니 차례를 기다리는 동주.

음습한 분위기가 흐르고….

의무실 안으로 들어설 차례가 다 됐을 때,

고개를 숙이며 간수들에게 끌려 나오는 한 사내-

몽규다.

자신의 눈을 의심하듯이 몽규를 바라보는 동주.

몽규가 지나가다 고개를 천천히 든다.

동주를 쳐다보는 몽규…

또한 동주를 알아본다.

뒤쪽에서 동주를 따라가던 조선인 수감자가 동주에게 말을 건다.

조선인　(조용히) 아는 사람 봐도 아는 척하지 마요.

동주가 뒤쪽으로 돌아보려 한다.

조선인　　(조용히) 돌아보지도 말고.

다시 앞을 보고 줄지어 가는 동주.

조선인　　(조용히) 지금 우리가 맞고 있는 주사가 바닷물 주
　　　　　　사라는 말이 있어요. 혈액대체재를 만들려고 주사
　　　　　　를 놓는다는 거예요. 정신 바짝 차려야 돼요. 전쟁
　　　　　　이 곧 끝날 거니까 그때까지 조용히 버티면 돼요.

몽규가 반대 방향으로 이끌려 가면서 동주를 보며 힘없이 미소
짓는다.
말을 걸고 싶지만 입도 떨어지지 않는 동주….
의무대로 끌려 들어가는 동주…. 다시 몽규 쪽으로 몸을 돌리려
고 하는데.
의무대 안쪽에서 누군가 주사를 맞지 않으려고 뛰쳐나온다.
순식간에 간수들에게 제압당하는 사내….
거칠게 저항을 하자 간수들이 목봉으로 사내의 머리를 사정없이
내리친다.
피가 튀기고….
동주의 얼굴 위까지 사내의 피가 묻는다….
순식간에 일어난 끔찍한 광경에 몸이 얼고….
피를 닦아 내고 다시 고개를 돌리자 몽규는 이미 보이지 않는다.

피투성이 사내가 끌려가는 것을 멍하니 바라보는 수감자들.

#65
취조실

특고와 마주보고 있는 동주….
담배를 물고 있는 특고.

> **동주** 왜 얘기 안 했습니까?
>
> **특고** 뭘?
>
> **동주** (올려다보며) 몽규가 여기 있다는 거.
>
> **특고** (자리에 앉으며) 평생 함께했다면서 항상 어디 있는
> 지도 모르고 살았군.

자리에서 일어서는 특고….
자신의 책상에서 무언가 서류를 뒤적인다.
서류 뭉치를 동주의 앞에 던지는 간수.

> **특고** 서명을 봐. 송몽규의 글씨는 알아보겠지?

서류의 내용을 살피는 동주.

특고   일본 본토에서 실시될 조선인 동원령을 조직적으
로 이용할 것, 유사 시 이용할 일본인을 포섭할
것, 장교로서 군부에 깊이 들어갈 제국대학생들을
선발할 것.

몽규의 서명을 확인하는 동주….

특고   몽규의 서명을 확인해 봐라. 몽규는 다 시인했다.
몽규하고의 관계를 모두 부정하는 건가? 릿쿄대
학에서 도시샤대학으로 간 것도 송몽규 때문이 아
닌가?

혼란스러운 얼굴 표정의 동주…. 손이 떨린다.

#66
릿쿄대 수업 시간

서양 문학 수업을 듣는 동주….
수업을 진행하는 효치 교수….
러스킨의 글을 칠판에 쓴다.

'진리에 대한 탐색이 시작되는 곳에 있어서, 항상 인생은 시작되

는 것이다. 진리에 대한 탐색이 중단된다면, 인생도 거기서 끊어지고 만다. - 존 러스킨'

지적이고 인품이 뛰어난 교수의 수업에 감흥을 받는 동주….
동주를 뒤쪽에서 힐끔 바라보는 일본인 여학생 - 후카다 쿠미.

> **동주**　(목소리) 입교대학에는 다카마스 효치 교수님이라
> 고 훌륭한 선생님이 계십니다. 캠브리지 신학대와
> 하버드 신학부를 나오신 분인데 어려서부터 언어
> 의 천재라는 소리를 들었다고 합니다.

효치 교수가 워즈워드의 시를 칠판에 적는다.
영문 그대로 읽어 나가는 효치 교수….

> The Excursion(방랑)

> And, in the center of a world whose soil
> Is rank with all unkindness, compassed roind
> with such memorials, I have sometimes felt,
> It was no momentary happiness….

수업 중에 창밖을 보다가 자기도 모르게 노트에 조선어로 시를
쓰는 동주.
쿠미가 동주의 노트를 힐끔 본다.

쿠미의 시선을 의식해 노트를 덮는 동주.

> **효치**　　히라누마 도쥬.
>
> **동주**　　예….
>
> **효치**　　(리포트지를 들고) 워즈워드에 관한 이 리포트는 온
>　　　　　전히 자네 생각인 건가?
>
> **동주**　　예.

#67

용정—동주의 집

동주의 편지를 읽는 동주부.

> **동주**　　(목소리) 서양 고전들에 대해서 깊이 있는 강의를 해
>　　　　　주십니다.

#68

대학 교정

다카마스 효치 교수와 걸어가는 동주.

동주	(목소리) 인품도 너무나 훌륭하셔서 존경하지 않는 학생들이 없을 정도입니다.

#69
효치 교수의 집

동주와 효치 교수, 쿠미가 모여 예배를 드리고 있다.
마지막 기도를 하는 효치 교수.

동주	(목소리) 본인 생활도 넉넉지 못하면서 어려운 형편의 학생들도 많이 도와주십니다.

예배가 끝나자 다과상을 들고 오는 여학생 - 후카다 쿠미.

효치	(동주를 보며) 워즈워드 시에 관한 자네의 글이 아주 인상이 깊었어.
동주	감사합니다.
효치	「방랑」에서 워즈워드가 목표로 했던 것이 무엇이라고 생각하나?
동주	보편적인 진리를 제시하는 관점이 느껴졌습니다. 현학적이고 세련된 진리들을 전달하기보다 인간의 감정들 중에 마음속에서 활동하지 못하거나 가

치가 절하된 것을 상기시키려는 의도가 보입니다.

효치　정확해. 워즈워드 본인이 이 시에 대해서 비슷한 이야기를 했어. 결국 세상을 움직이는 건 개개인의 깊은 내면의 변화들이 모이는 힘이야. 일본 군국주의가 '대동아공영'이라는 허상으로 수천 년 수만 년 이어 온 다른 문화와 민족을 모을 수가 있겠어? 절대로 이길 수 없는 전쟁을 시작했어.

강한 어조의 효치 교수 발언에 다소 놀라는 동주.
동주를 힐끔 바라보는 일본인 여학생 후카다 쿠미.
쿠미에게 무언가 손짓을 하는 효치 교수.
쿠미가 자리에서 일어선다.

효치　(쿠미가 나가자) 동북제대 영문과 교수로 있던 친구의 딸인데…. 부모 모두 사고로 돌아가셨지.

한숨을 내쉬며 고개를 내젓는 효치 교수.
쿠미가 자료들이 담긴 보따리를 들고 온다.

효치　내가 영국에서 공부할 때 정리한 자료들이야. (동주에게) 자네에게 빌려줄게. 도움이 될 걸세.

동주　아니, 이렇게 귀한 걸 저한테 맡기셔도 됩니까?

효치　그럼, 귀해서 맡기는 건데. 자네… 시를 써 보는 건 어떤가? 과제물에도 문학적인 글들이 많이 있던데….

동주 (부끄러워하며) 사실… 시를 씁니다.

효치 그런가? 시인이군.

동주 아직 시집을 출간하지는 못해서 시인은 아닙니다.

효치 조선어 시라서 출간을 못 한 건 아니고?

#70
취조실

또 다른 서류들을 꺼내는 특고.

특고 릿쿄대학 추천도 송몽규가 한 거지?

동주 예. 기독교 계열 학교라서 추천을 했던 겁니다.

특고 효치 교수가 있어서 추천한 건 아니고?

특고를 올려다보는 동주.

특고 효치 교수는 군국주의에 반대하는 인물로 대표적 요시찰 인사다. 알고 간 거 아니야? 너의 의도였나, 아니면 몽규의 의도였나?

동주 효치 교수님은 릿쿄대학을 가서 알게 된 분입니다.

특고　　지금 이 순간에도 전선에서 피 흘리는 아시아 동
　　　　포들이 몇 명인지 알고 있나? 다카마스 같은 자들
　　　　이 싸구려 감상에 젖은 지식으로 아시아의 단결을
　　　　방해하며 이길 수 있는 전쟁을 궁지에 몰아 놓고
　　　　있다고. 패배주의자들! 싸구려 감상주의자들! 그
　　　　의 사상에 동조하는 거야?

자신의 원고를 바라보는 동주.

#71
릿쿄대 강의실

강의를 기다리는 동주…. 노트에 시를 적는다.

사랑스런 추억 (동주 목소리)

봄이 오던 아침, 서울 어느 쪼그만 정거장에서
희망과 사랑처럼 기차를 기다려,

쿠미가 뒷자리로 온다.

쿠미　　시를 쓰세요?

동주   아… 아니요…. 그냥….

쿠미   저번에도 시를 쓰고 있던 거죠?

창밖을 보며 망설이는 동주.

**나는 플랫폼에 간신한 그림자를 떨어뜨리고,
담배를 피웠다.**

#72
전차 안

나란히 앉아 문학에 관한 얘기를 나누는 동주와 쿠미.

**기차는 아무 새로운 소식도 없이
나를 멀리 실어다 주어,**

**봄은 다 가고─ 동경 교외 어느 조용한
하숙방에서, 옛 거리에 남은 나를 희망과
사랑처럼 그리워한다.**

전차에서 내리는 쿠미와 동주.

#73
효치 교수의 집

집으로 들어오는 쿠미와 동주.

오늘도 기차는 몇 번이나 무의미하게 지나가고,

오늘도 나는 누구를 기다려 정거장 가차운 언덕에서 서성거릴 게다.

노트에 조선어로 된 시 옆에 일본어로 글을 쓰며 설명을 해주는 동주.

— 아아 젊음은 오래 거기 남아 있거라.

쿠미가 동주의 조선어 시를 감상한다.

쿠미	(다 읽고) 정말 좋아요.
동주	내가 번역한 거로는 제대로 이해하기 힘들 거예요.
쿠미	충분히 좋아요.
동주	어차피 시집도 못 내는데요….

노트를 조심스럽게 접어서 가방 깊숙이 넣는 동주….
쿠미가 그런 동주를 바라본다.

쿠미	그런 문제라면… 예전에 아버지께서 제자들의 시집을 영국에서 내주신 적이 있어요. 일본에서 등단하지 않았던 작가들도 영문으로 시집을 낸 적이 있어요.
동주	(돌아보며) 조선어 시를 번역하는 건 위험하지 않을까요?
쿠미	교토에 아버지 제자분들이 계신데 도움을 받을 수 있을 거예요.
동주	괜찮아요. 그럴 만한 시도 아니고….
쿠미	저도 당신 시를 제대로 보고 싶어서 그래요. 그렇게 위험한 일 아니에요.

동주가 멍하니 쿠미를 바라본다.

쿠미	왜요?
동주	겁이 없는 게… 제 친구를 보는 거 같아서요….
쿠미	그 친구도 동주 시를 좋아하나 보죠…. 일본어로 번역을 하면 영문 번역은 금방 끝날 수 있을 거예요.

흐뭇한 미소를 짓는 쿠미.

#74

릿쿄대 강의실

서양 문학 수업을 진행하는 다카마스 효치 교수.
수업 중에 벌컥 들어오는 군복 차림의 반도 신지 대좌.
사병들이 서너 명 따라 들어온다.

> **동주**　(목소리) 훌륭한 선생님들이 계시지만 안심할 상황
> 은 아닙니다. 이곳도 전쟁이 시작된 이후로 갈수
> 록 분위기가 나빠지고 있습니다.

학생들이 놀란다.
효치 교수와 학생들을 무섭게 노려보는 신지 대좌.

> **대좌**　(명단을 보며) 히라누마 도쥬…?

동주가 손을 든다.
앞으로 나오라는 손짓을 하는 대좌.
동주가 나오자마자 뺨을 후려갈기는 대좌.
학생들이 놀란다.

> **효치**　(말리며) 지금 수업 중인데 무슨 짓이오?
> **대좌**　(무섭게 노려보며) 더러운 서양물이 든 문학 따위를
> 가르치면서 수업이라고 할 수 있나? (동주를 보며)

　　　　　　　교련 수업을 거부한 게 사실인가?

동주　　예.

대좌　　징집이 됐을 때 그것이 어떤 결과를 가져올지 생각
　　　　　해 봤나?

아무 말도 못 하는 동주.
학생들도 잔뜩 겁을 먹는다.
학생들을 훑어보는 대좌.

대좌　　천조대신이 위대한가? 예수 그리스도가 위대한
　　　　　가? 개인주의가 위대한가, 전체주의가 위대한가?

아무 말도 못 하는 학생들.
쿠미가 안타깝게 동주를 바라보고 있다.

대좌　　(동주에게) 너는 일본 사상에 물들지 않아서 교련
　　　　　을 거부한 거지?

동주　　그저… 군사 문화에 익숙하지 않은… 탓에….

다짜고짜 다시 뺨을 후려갈기는 대좌.
동주가 쓰러진다.

대좌　　일본의 정신이 무엇인지 몰라서 그런 거지…. 아닌
　　　　　가? 일본에 필요한 인물이 되는 법을 알려 주지.

사병 하나가 이발기를 건넨다.

이발기로 듬성듬성 동주의 머리를 자른다.

아무도 말리지 못하는 분위기….

동주   (목소리) 그래도 걱정 마세요. 아직까지 대학생활은
할 만합니다. 훌륭한 선생님도 계시고요.

동주도 무기력하게 머리를 잘린다.

피눈물이 맺히는 동주.

쿠미도 눈물을 흘린다.

#75

효치 교수의 집

엉성하게 만든 종이 모자를 쓰고 있는 동주.

쿠미가 모자를 벗기자 쥐 파먹은 듯이 엉망이 된 동주의 머리.

쿠미가 가위를 가져와 동주의 머리를 다시 손질해 준다.

아직도 동주의 손과 발이 떨린다.

날이 어두워졌다.

어두운 거실에서 조용히 차를 마시는 효치 교수와 동주.

쿠미가 안쪽에서 저녁상을 차린다.

라디오에서는 도조 내각의 담화가 발표되고 있다.

라디오   (목소리) 정부는 조선 동포에 대해서 징병제를 실시
하고 소화 19년부터 징집할 수 있도록 준비를 진
행하기로 대일본 군부성과….

심각한 표정으로 라디오를 듣는 효치 교수와 동주.

효치   잠깐 고향에 가 있는 건 어떤가?

동주   동원령은 다 내려졌습니다.

효치   도쿄는 점점 위험해질 거야. 제국대학으로 편입을
하는 건 어떨까?

동주   지금 안전한 곳이 있을까요?

효치   교토는 어떤가? 도쿄보다는 자유로운 분위기일
거야.

근심 어린 눈길로 동주를 보는 쿠미.

효치   쿠미의 부모들은 동북제국대학교 영문과 교수셨
지. 군국주의에 반대하는 운동을 하다가 갑자기
사고를 당했는데…. 의심을 안 할 수가 없지. 전쟁
미치광이들이 날뛰니….

밥상을 차려 나오는 쿠미.

쿠미   도시샤대학에 계신 아버지 제자분들이 도와주실

수 있을 거 같아요. 도쿄보다는 교토가 안전할 거
예요.

담화문이 계속 읽혀지고 있고….

라디오　　(목소리) 이번 조선인 유학생 징집령은 아시아 해방
　　　　　　전선에 범아시아적 힘을 하나로 묶는다는 의미 있
　　　　　　는 선언이며, 서구 열강들의 제국주의에 대항하는
　　　　　　아시아적 가치의 상징으로….

어두운 마음으로 흰쌀밥을 말없이 먹는 세 사람.
동주는 귀한 쌀밥을 먹으면서 표정이 점점 굳는다.
강한 결심을 한 표정….

#76
취조실

특고가 서류를 동주의 눈앞으로 가져간다.
몽규의 사인이 담긴 서류를 옆으로 치우는 특고.

특고　　이 전쟁은 이길 수 있다. 미국의 폭탄이 떨어지고,
　　　　　소련이 참전을 한다고…. 우리가 겁을 먹을 것 같

나? 다카마스 효치 같은 지식인들이 나약한 사상을 가르치고 너희 같은 반국가 선동 세력이 대동아 공영의 길을 방해하지만 않으면, 우리는 승리할 수 있다고.

동주　다카마스 교수님은 학생들의 존경을 받는 선생님입니다.

특고　(피식) 아시아 해방을 위해 개인의 희생이 요구받고 있는 전시 상황에서, 나약한 개인의 마음을 건드려서 존경받는 것이 뭐가 어려워?

옆으로 치워 놓은 몽규의 서류를 들며….

특고　내가 뭐하러 너네들을 붙잡고 이 고생인데…? 나라고 존경받을 줄 몰라서 안 하는 줄 알아? 대일본제국이 아시아를 서구 제국주의로부터 보호하려고 미국을 상대로 전쟁을 시작한 거다. 아시아 해방을 위해 시작된 전쟁에서 개인의 희생은 당연한 일이다.

동주　아시아 해방이란 게 도대체 무슨 얘기입니까…? 수십만 명이 희생되고 있는데… 그게 무슨 해방입니까…?

특고　지금 독일 아우슈비츠에서는 몇 만 명의 목숨이 사라졌는지 아나? 인류 발전을 막는 너희 같은 나약한 자들이 전쟁의 의미도 모르고, 승리의 열망도 없기 때문에 아시아는 서구 열강의 2등 국가로 전락할 수밖에 없는 거다.

몽규의 서명이 적힌 서류를 던지는 특고….
잠시 숨을 고르고 천천히 동주에게 다가온다.

특고　교토는 왜 갔어? 다카마스가 보냈나?
동주　군사훈련 받기 싫어서요.

#77
6첩방 (밤)

문을 벌컥 여는 동주.
방 안에는 조선인 유학생 1, 2가 놀란 눈으로 동주를 바라본다.
급하게 숨기려다 미처 숨기지 못한 조선어 인쇄물들….
몽규가 놀라서 동주를 바라본다.

몽규　너 갑자기 교토에 왜 왔어?
동주　(방 안으로 들어오며) 도시샤대학에 편입했어.

약간 안도하는 조선인 유학생 1, 2가 주섬주섬 짐을 챙겨 나간다.

> **학생 2**　몽규야… 우리 갈게….
>
> **학생 1**　(동주를 보며) 오랜만이에요….

방을 나가는 학생들….

> **몽규**　갑자기 왜?
>
> **동주**　도쿄는 지내기가 힘들어.

동주의 머리를 보는 몽규… 짐작이 가는 듯 피식 웃는다.

> **동주**　(자신의 머리를 만지며) 이제 도망갈 데가 없다.
>
> 　　　그냥 끌려갈 거냐?
>
> **몽규**　….
>
> **동주**　조선인 유학생들을 규합하자. 니 말대로 해보자.
>
> 　　　니가 하는 일에 나도 껴 줘.

자리에서 일어나 담배에 불을 붙이는 몽규….

> **몽규**　너는… 시를 써라. 총은 내가 들게.
>
> **동주**　왜?
>
> **몽규**　?
>
> **동주**　내가 시를 쓰는 게 문학으로 도망치는 거라면서

왜 나를 문학으로 도망치게 만드니? 너랑 같이 있
으면 되는 거잖아?

멍하니 바라보는 몽규….

#78
취조실

동주에게 바짝 다가서는 특고.

특고 교토 조선인 유학생 사건의 주동자는 너지? 니가
교토로 찾아와서 송몽규를 부추긴 거 맞지?
동주 (멍하게 보다가) 아니요.

#79
6첩방

교토 조선인 유학생 모임의 명단을 놓고 회의 중인 몽규, 학생 1,
2.
창씨개명된 이름이 학교별로 분류가 되어 있다.

학생 2　　　교토 지역 조선인 학생들 중에 제국대학 출신들 위주로 장교 시험을 볼 인원이 100명은 넘을 거 같아.

학생 1　　　교토 지역에서 징집된 유학생들이 어느 부대로 가는지 어떻게 알지?

몽규　　　그래서 의과 출신 유학생들이 필요해.

학생 1　　　의과 출신들은 내가 알아볼 수 있어.

분류된 명단을 꼼꼼히 살펴보는 몽규.

몽규　　　훈련소 의무대에서는 장교들이 어느 부대로 배치되는지 알 수 있을 거야.

전화벨 소리가 들린다.
긴장하는 몽규와 학생 1, 2….

하숙 아주머니 (목소리) 도쥬상— 전화 왔어요.

안심을 하는 학생들….
동주가 방을 나간다.

#80

하숙집 안방 앞

전화를 방에서 꺼내서 받는 동주.

쿠미　(목소리) 도쥬상? 쿠미예요.

동주　아… 예.

쿠미　(목소리) 일본어 번역이 끝났어요…. 제가 교토로 가서 영문 번역을 마무리하려고요.

#81

6첩방

회의 중인 몽규.

몽규　(빼곡히 적은 조선인 유학생 명단을 펼쳐 보이며) 제국대학 출신 포함해 법학과, 의과 장교 시험을 치를 조선인 학생들이 절반만 합격해도 3, 40명 이상 조선인 장교들이 나오고, 훈련소 의무대 장교로 들어가면 교토 지역 조선인 장교들이 어디로 배치되는지도 알 수 있을 거야.

학생 2　(시간을 확인하고) 가야겠는데….

자리에서 일어서는 몽규 일행.

#82
하숙집 안방 앞

통화 중인 동주.

쿠미   (목소리) 교토로… 제가 갈게요. 영국 출판사에 편
지도 보냈어요. 영문 번역이 끝나면 바로 보내 주
기만 하면 돼요.

동주   영국 출판사 주소를 주시면 영문 번역본도 제가
보내도 돼요.

쿠미   (목소리) 교토 가서 연락할게요.

전화를 끊는 동주….
몽규 일행들이 계단을 우르르 내려온다.

동주   어디 가?

몽규   모임이 있어.

동주   (계단을 오르며) 기다려. 나도 금방 준비할게.

몽규   니가 굳이 안 와도 되는 모임이야.

학생 1, 2와 나가는 몽규.

#83
6첩방

커튼이 쳐진 창문 앞으로 오는 동주.
커튼을 살짝 열면 골목 사이로 사라지는 조선인 유학생과 몽규의
뒷모습….
회의의 흔적이 남아 있지 않게 깨끗해진 6첩방.
방 안이 텅 비어 있다.
책상 아래에 몽규가 사용한 펜이 떨어져 있다.
몽규의 펜을 집는 동주.

쉽게 씌어진 시 (동주 목소리)

창 밖에 밤비가 속살거려
육첩방은 남의 나라,

자신의 노트에 시를 쓰는 동주.
창밖으로 비가 내린다.
텅 빈 다다미 방 안으로 비가 들이친다.

시인이란 슬픈 천명인 줄 알면서도
한 줄 시를 적어 볼까,

창문을 닫는 동주.

땀내와 사랑내 포근히 품긴
보내 주신 학비 봉투를 받아

대학노트를 끼고
늙은 교수의 강의 들으러 간다.

〔인서트〕
쿠미와 전차를 타는 동주.
효치 교수의 수업을 듣는 동주…. 뒤편에 앉은 쿠미를 돌아본다.

#84
은밀한 회합 장소/중회합

계단을 오르는 몽규의 발걸음….
학생들의 발걸음이 이어진다.
노크 소리와 함께 조심스럽게 문이 열리고….
몽규가 회합 장소로 들어서자…

10여 명의 학생들이 몽규 일행을 맞이한다.

생각해 보면 어린 때 동무를

하나, 둘, 죄다 잃어버리고

〔인서트〕

용정 들판을 뛰어놀던 익환과 동주, 몽규.

연희전문 시절 같이 수업을 듣고 어울렸던 여진과 몽규, 처중….

나는 무얼 바라

나는 다만, 홀로 침전하는 것일까?

〔인서트〕

6첩방에서 홀로 시를 쓰는 동주.

몽규가 학생들 중심에 선다.

몽규 주변으로 모이는 학생들….

품에서 조선혁명선언문을 꺼내서 읽는 몽규.

> 몽규   조선을 깨우기 위해서 우리에게 필요한 것은, 혁명
> 이다. 혁명만이 일본을 쫓아낼 유일한 방법이고….
> 그 혁명을 위해 우리가 할 일은 깨어 있는 민중 하
> 나하나가 폭탄이 되어 불합리한 체제를 타도하고.
> 인류가 인류를 억압하지 못하고, 국가가 또 다른

국가를 수탈하지 못하게 몸을 날리는 것이다.

몽규 주변에 모인 학생들이 저마다 비장한 각오를 다진다.

#85

6첩방

창문을 닫고 빗소리를 들으며 시를 쓰는 동주.

**인생은 살기 어렵다는데
시가 이렇게 쉽게 씌어지는 것은
부끄러운 일이다.**

커튼을 다시 젖혀서 창밖을 보는 동주.

**육첩방은 남의 나라
창 밖에 밤비가 속살거리는데,**

#86

취조실

빗소리가 들린다.

서로 마주보고 있는 특고와 동주.

등불을 밝혀 어둠을 조금 내몰고,

시대처럼 올 아침을 기다리는 최후의 나,

특고   너는 송몽규의 그림자밖에 안 되는 인물이니….

모든 일을 송몽규에게 돌려도 이상하지 않지. 송

몽규의 인생을 따라다니면서 그 이유도 목적도 모

르고 살았어? 부끄럽지 않나?

특고가 동주의 얼굴 가까이 다가와 무섭게 몰아붙인다.

서명란에 히라누마 도쥬라는 이름이 써 있다.

나는 나에게 작은 손을 내밀어

눈물과 위안으로 잡는 최초의 악수.

동주가 두 손의 깍지를 낀다. 있는 힘껏.

#87

은밀한 회합 장소/대회합 (밤)

학생들의 발걸음을 따라가면 회합 장소를 가득 메운 조선인 학생들이 펼쳐진다.

학생들의 시선이 포고문을 읽고 있는 몽규에게 집중되어 있다.

> **몽규**　(포고문을 읽으며) 조선인 학생들에 대한 징집이 내려졌다. 여기 있는 우리 모두 일본군의 총알받이로 끌려갈 것이다.

비장한 학생들의 표정.

> **몽규**　여기 개죽음을 당하고 싶은 사람 있어?

아무도 손을 들지 않는다.

> **몽규**　43년 1월 20일 호주군이 뉴기니를 탈환했고, 5월 30일 미 해군이 일본 함대를 물리치고 아츠섬을 점령했고, 42년 12월 11일 영국군은 미얀마에서 일본군을 물리쳤고, 미국 잠수함 부대는 일본 알류산 열도를 점령했다. 사이판과 이오지마의 패전으로 일본 공군은 본토 방어 능력이 없어졌다. (고개를 들고 좌중을 둘러보며) 우리는… 혼자가 아니다.

학생들의 눈이 빛난다.

#88

하숙집 안방 앞 (밤)

전화벨이 울린다.
계단을 급하게 내려오는 동주… 전화를 받는다.

쿠미   (목소리) 저 교토에 도착했어요.

동주   아….

쿠미   (목소리) 지금 바로 아버지 제자분들을 만나 뵐 거
       예요. 영문 번역도 끝났대요.

동주   네.

쿠미   (목소리) 다들 동주 씨 시를 좋아해요.

동주   ….

#89

은밀한 회합 장소 (밤)

뜨거워진 눈동자로 열변을 토하는 몽규.

몽규   광복군 총사령부로부터 일본군 탈영병 중 광복군
       에 합류한 조선인 학생들에 대한 정보가 들어왔
       다. 광복군 1지대 3지구에 16명, 3지대에는 100여

명의 일본군 탈영병이 합류했다. 만주에는 200만
명이 넘는 우리 동포들이 있고 그중에 30만 명이
당장 광복군 전력으로 투입될 계획이다. 소련과
중앙아시아에도 30만 명이 넘는 훈련된 군사들이
광복군에 편입될 준비가 되어 있다. 광복군 소속
부대원 중 일부는 영국군에 파견되어 버어마 전선
에도 투입이 되었다. (좌중을 둘러보며) 우리는… 혼
자가 아니다.

점점 뜨거운 열기를 보이는 학생들….
다시 포고문을 읽는 몽규.
멀리서 희미하게 들려오는 구두 소리가 점점 다가온다.

#90
하숙집 계단 앞 (밤)

통화 중인 동주.

동주	조선어로 된 원고를 갖고 있는 것만으로 쿠미는
	위험해요.
쿠미	(목소리) 제가 좋아서 한 일이에요. 동주 씨 시도 좋
	고…. 사실… 저도 도시샤대학으로 편입을 할까

해요….

#91
은밀한 회합 장소 (밤)

뜨겁게 달아오른 학생들….

몽규   도쿄는 미군의 폭격을 눈뜬 장님처럼 받고 있고,
일본 해군은 미드웨이 해전에서 주력 항모 4척을
잃고, 이제 소련의 선전포고도 눈앞에 다가왔다.
국가가 국가를, 민족이 민족을 억압하고 핍박할
때 그 국가와 민족에게 남는 것은 패망뿐이라는
사실이 우리 눈앞에 펼쳐지고 있다.

밑에서부터 구둣발 소리가 강하게 들려오고….
뒤에 있던 학생이 고개를 돌린다.
순간 회합장의 문을 강하게 치고 올라오는 특고 형사들….
너무 많은 인원이 밀집하고 있어서 도망갈 공간도 여의치가 않다.
순식간에 아수라장이 되는 회합장.
안쪽에서 그 광경을 바라보는 몽규….
공포탄 소리가 울리고….
특고 형사가 안쪽 끝에서 몽규와 눈을 마주친다.

특고를 바라보던 몽규가 천천히 움직이더니 회합장의 불을 끈다.
특고 형사들의 손전등이 비추는 곳마다 아비규환 풍경이 보인다.

#92

하숙집 계단 앞 (밤)

통화 중인 동주.

쿠미　　(목소리) 내일 아침에 원고를 받기로 했어요. 도시샤
　　　　　대학 정문 앞에 카페가 있어요. 거기서 만나요.

전화를 끊는 동주.

#93

은밀한 회합 장소

강렬한 라이트 불빛이 여러 갈래로 아수라장이 된 회합장 곳곳을
비추고….
이리저리 끌려 나오는 조선인 유학생들이 좁은 계단 아래로 내려
온다.

뒤엉켜진 인파 사이 틈으로 몽규의 그림자가 계단 아래로 떨어진다.

#94
6첩방 (밤)

등화관제 사이렌이 울린다.
불을 끄는 동주.
동주는 잠이 오지 않는다.
창문 사이로 들어오는 불빛 사이로 부유하는 먼지들.
누워서 후– 하고 바람을 부는 동주.

나는 말없이 이 탑을 쌓고 있다. (동주 목소리)
명예와 허영의 천공에다
무너질 줄 모르고
한 층 두 층 높이 쌓는다.

무한한 나의 공상
그것은 내 마음의 바다

동주를 부르는 몽규의 목소리가 들린다.
창문을 여는 동주….

몽규가 서 있다.

몽규   동주야. 빨리 나와.

동주   왜?

동주를 바라보는 몽규….

몽규   지금 나랑 같이 가자.

동주   어디로?

몽규   고향으로.

동주   (바라보다) 지금?

몽규   어딜 가든 나랑 함께하기로 했잖아.

동주   ….

몽규   다 잡혀 갔어.

동주   ….

몽규   지금 새벽 기차를 타고 가야 돼.

동주   내일 따라갈게.

몽규   내일? 내일 가야 되는 이유가 있어?

동주   지금은 안 돼….

몽규   난 너랑 같이 갔으면 싶다.

동주   먼저 가. 시모노세키에서 보자.

몽규   알았어. 항구에서 기다릴게.

돌아서 가는 몽규….

자화상 (동주 목소리)

우물 속에는 달이 밝고 구름이 흐르고

그리고 한 사나이가 있습니다.
어쩐지 그 사나이가 미워져 돌아갑니다.

덧문을 닫으면 동주의 얼굴이 유리창에 비친다.

돌아가다 생각하니 그 사나이가 가엾어집니다.

방 안으로 들어가는 동주….
다시 돌아와 창문 앞으로 모습을 드러낸다.

다시 그 사나이가 미워져 돌아갑니다.
돌아가다 생각하니 그 사나이가 그리워집니다.

덧문을 여는 동주….
창문 너머로 몽규가 사라진 자리가 보인다.
아무도 없다.

조심스럽게 골목길을 빠져나가는 몽규….
느낌이 좋지 않다….
점점 빠른 걸음으로 골목길을 빠져나가는 몽규….

달리기 시작한다.

골목길 건너에서 빠르게 쫓아오는 인기척이 느껴진다.

골목을 빠져나가려는 몽규에게 누군가 강렬한 불빛을 쏜다.

목소리 소무라 무게이?

눈을 찡그리는 몽규.

사방에서 어두운 그림자가 몽규에게 다가온다.

우물 속에는 달이 밝고 구름이 흐르고 하늘이 펼치고

달빛 위로 구름이 흐른다.

파아란 바람이 불고 추억처럼 사나이가 있습니다.

유리창 위로 흐르던 달빛이 사라지고….

아침 햇살이 동주의 얼굴을 비추고 있다.

#95
하숙집 앞

주변을 둘러보며 조심스럽게 나오는 동주.

바람이 불어 (동주 목소리)

**바람이 어디로부터 불어와
어디로 불려가는 것일까,**

골목을 빠져나가는 동주.
동주를 따라가는 누군가의 시선.

#96
서양식 카페

동주가 짐 가방을 들고 들어와 쿠미의 맞은편 자리에 앉는다.

쿠미　　다 가져왔어요. 영문 번역도. 영국 출판사 주소도
　　　　써 놨어요.

동주　　고마워요.

쿠미　　시가 좋아요. 조선어를 알았으면 더 좋았을 텐
　　　　데…

동주　　(바라보다) 전 지금 빨리 일어나야 돼요.

쿠미　　(가방을 보며) 먼 길 가시나 봐요?

동주　　고마워요. 시집을 못 내게 돼도… 잊지 않을게요.

동주를 바라보는 쿠미.

쿠미   …. 시집의 제목은 뭐예요…?

냅킨에 제목을 적는 동주….

바람이 부는데

내 괴로움에는 이유가 없을까,

카페 입구로 들어오는 특고 형사들….
동주가 있는 자리로 다가선다.
특고 형사들과 눈이 마주치는 동주… 긴장한다.
쿠미도 동주의 표정을 보고 돌아본다.
특고 형사가 쿠미의 옆자리에 앉는다.

동주   누구시죠?
특고   (원고를 들춰 보고) 히라누마 도쥬? 가서 얘기 좀 하
         지.

쿠미를 바라보는 동주.

단 한 여자를 사랑한 일도 없다.
시대를 슬퍼한 일도 없다.

#97
취조실 (동주/몽규 교차 신)

어둠 속에서 다가오는 특고 형사….
속기사들이 수기를 한다.
책상에는 몽규가 앉아 있다.
서류를 몽규 앞에 던져 놓는 특고.

> **특고**   해당 사항에 서명을 해라. 너는 모두 다 해당하니까 빠짐없이 해야 할 거야.

특고를 바라보는 동주.

> **동주**   이런 일을 왜 하는 겁니까?
> **특고**   뭐?

특고를 바라보는 몽규.

> **몽규**   여기까지 잡아 와서 이런 요식 행위는 왜 하는 건가?
> **특고**   문명국에서는 합법적 절차라고 부른다.

무섭게 특고를 노려보는 몽규….
동주의 얼굴 가까이 다가와 노려보는 특고….

서명란을 바라보는 동주…, 다시 특고의 눈을 바라본다.

> **동주** 총부리를 들이대고 서명을 하게 하면 되지 않습니까? 제 손가락을 잘라 지장을 찍으면 되지 않습니까…?

특고를 바라보는 동주.

> **특고** 너희를 죽이는 일이 뭐가 어려운가? 대일본제국은 법치국가로 체제를 위협하는 너희 같은 자들에게도 합법적인 절차를 거쳐 그 죄를 묻는다. 문명국과 비문명국의 차이지.
>
> **동주** 전쟁에서 질 거라고 생각해서 이러는 거 아닙니까?

특고가 정곡을 찔린 듯 말이 없어진다….
여유롭게 특고를 바라보는 몽규.

> **몽규** 너네들이 허울 좋은 명분을 항상 내세우는 이유가 뭔지 아나? 열등감 때문이지. 비열한 욕망을 드러낼 자신이 없어서 명분과 절차에 기대는 거지.
>
> **특고** 너 하나 죽일 용기가 없어서 이런 요식 행위를 한다고? 우리는 너희 같은 놈들을 죽일 힘이 없어서 국제법에 따른 절차를 따르는 게 아니다. 문명국가이기 때문에 이런 번거로운 요식 행위를 하는

거다.

몽규 　국제법? 여기 국제법에 따른 정당한 재판을 받고
　　　들어온 사람이 있나? 그 열등감을 숨기려고 서구
　　　사법제도를 흉내 내면서 문명이라고 부르는 건가?

특고 　서류를 보고 해당 사항이 있으면 서명을 해라. 죽
　　　음이 두려워 궤변만 늘어놓지 말고!

서류를 보는 동주….

동주 　(특고를 보며) 왜 우리 죽음에 대한 명분이 필요한
　　　데? 전쟁 이후가 두려워서 이런 걸 하는 겁니까?

동주를 바라보는 특고….
서류를 보는 몽규….

특고 　명분이 아니라 사실이기 때문에 서명을 하라는 거
　　　다.

몽규 　그래? 사실로 만들어 줄까? 얼마든지 해주지.

특고 　죽음이 두렵지 않다면 당당하게 서명해라.

자신 앞에 놓인 서류를 살피며 서명을 하는 몽규….

몽규 　'재일 조선인 유학생들을 규합 사상 교육을 시키
　　　고….' 그래… 내가 제대로 못 시켜서 부끄럽다….

(서명을 하며) 내가 제대로 했어야 되는데.

서류의 페이지를 넘기는 몽규.
항목마다 서명을 하는 몽규.

몽규   (이어서 읽으며) '비밀리에 조선어 문학과 서적을 유
통시키며….' 아…. 내가 정말 이렇게 못 해서 한스
럽다. '징집령을 이용하여 황군 내 조선인 반군 조
직을 결성, 활용할 군사적 계획을 지시했으며….'
(눈물을 글썽이며) 아… 이게 정말 이렇게 됐으면 얼
마나 좋았겠냐…. 내가 정말… 그렇게 못 해서 너
무 부끄러워서… 부끄러워서… 서명을 한다…. 부
끄러워서….

특고가 말없이 바라본다….
항목마다 서명을 하는 몽규… 고개를 떨군다.

특고   몽규도 서명한 걸 너는 왜 못 해? 빨리 서명해!

서류를 드는 동주.

동주   저는 서명하지 않겠습니다. 당신 말을 들으니 정
말로 부끄러운 생각이 들어서 못 하겠습니다. 이
런 세상에서 시를 쓰길 바라고… 시인이 되길 원

했던 게… 너무 부끄럽고… 앞장서지 못하고 따
라나서기만 한 게 또 너무 부끄럽고… 부끄럽고…
부끄러워서…. 서명을 못 하겠습니다.

자신 앞에 놓인 서류를 찢는 동주.

#98
용정―동주의 집 (낮―밤)

멀리서 동주의 동생들이 전보를 들고 뛰어온다.

여동생 전보요! 일본에서 전보가 왔어요.
동주부 (전보를 받아 보고 겉봉을 확인하며) 복강* 형무소…?
몽규부 형무소요?

몽규부가 전보를 낚아채 읽어 본다….
점점 놀라는 눈빛….

몽규부 (바들바들 떨며) 지금 애들이… 형무소에 붙잡혀 있
대요.

* 후쿠오카.

동주부   (전보를 뺏으며) 왜? 얌전히 학교나 다니고 있을 애
          들이 왜?

나란히 앉아 있는 동주부와 몽규부.
식구들이 뒤편에서 아무 말 못 하고 앉아 있다.

조부   가지 마라.
몽규부   무슨 사정인지 가 봐야 할 거 아니에요.
조부   지금 가 봐야 뭐하겠냐…. 미군들이 매일 폭격을
          한다는데….
동주부   그까짓 폭격이 무서워서 자식을 버립니까!
조부   너는 내 자식 아니냐?

문밖에서 듣고 있는 여인네들….

#99
형무소―복도

간수들에게 이끌려서 복도를 따라 들어가는 동주부와 몽규부.
주사를 맞던 의료실을 지나간다.
길게 이어지는 복도….

#100
면회실

앉아 있는 동주부와 몽규부.
몽규가 홀로 들어온다.

    몽규부   도대체 몰골이 이게 뭐냐? 어떻게 된 거야?
    동주부   동주는? 동주는 어디 있느냐?

떨리는 몽규의 눈빛….

    몽규   동주는… 죽었습니다.

아연실색하는 동주부….

    몽규   저도 오래 살지는 못합니다.

팔뚝을 걷어 올려 주사 바늘 자국을 보여 주는 몽규.

    몽규   이 주사를 맞고 죽으면 시체를 대학실험실로 가져
                  가는데…. 그 전에 뼛조각 하나도 이 땅에 남아 있
                  지 않게 해주세요.

어이없어 울음조차 나오지 않는 아버지들….

#101

형무소—시체 보관실

하얀 천에 가려진 동주의 시체….
동주부가 천을 걷으니 하얀 동주의 얼굴이 나온다.
오열하는 아버지들….

서시 (동주 목소리)

**죽는 날까지 하늘을 우러러
한 점 부끄럼이 없기를,**

#102

형무소—동주의 독방 (밤)

누워 있다가 괴로워하며 각혈을 하는 동주.
간수들이 급하게 들어온다.
실려 나가는 동주.

**잎새에 이는 바람에도
나는 괴로워했다.
별을 노래하는 마음으로**

모든 죽어가는 것을 사랑해야지

바람에 흔들리는 나뭇가지의 그림자.
그 위로 별이 반짝인다.

#103
화장터

자식의 유골을 하나씩 들고 오는 몽규부와 동주부.
몽규부가 유골함을 땅에 떨어뜨린다.
깜짝 놀라 유골을 쓸어 담는 몽규부.

동주부　　몽규가 뼈 한 조각도 일본 땅에 남기지 말라고 했
　　　　　　는데. 일본 흙까지 담아 가면 어쩌자는 거야!

울면서 조심스럽게 유골을 골라 담는 몽규부….

#104
용정―시골 언덕 (낮―밤)

마을 어귀로 들어서는 몽규부와 동주부.

**그리고 나한테 주어진 길을
걸어가야겠다.**

오늘 밤에도 별이 바람에 스치운다.

언덕 위로 밤이 찾아오며 별이 빛난다.

#105
서양식 카페

냅킨에 써진 제목을 보는 쿠미….

쿠미   이게 제목이에요? 어떻게 읽는 거죠?

동주   (조금 다가와 작은 소리로) 하늘과 …바람과 …별과
          …시.

한국어 뜻을 모르는 쿠미가 갸웃거린다.
미소를 짓는 동주.

#106

용정—언덕

윤동주의 시집 표지의 제목이 오버랩된다.

하늘과 바람과 별과 시, 윤동주

실제 윤동주의 장례 사진과 송몽규, 윤동주의 사진들이 펼쳐진
다.
주제 음악과 함께.

시인 윤동주가 후쿠오카 감옥에서 사망한 지 6개월 후 일본이 패망하고,

조선은 독립을 한다.

후쿠오카 감옥에선 알 수 없는 주사를 맞고 1,800여 명이 사망했다.

언제고 돋아나는 윤동주라는 새싹

― 오은

청춘이라는 말은 '새싹이 파랗게 돋아나는 봄철'이라는 뜻이다. 봄철이라는 시절만으로는 안 된다. 새싹이 파랗게 돋아나야 하는 것이다. 윤동주를 생각할 때면 자연히 그의 청춘이 떠오르다가도 이내 시무룩해지고 만다. 봄철이 다 지나고 난 뒤에야 홀로 돋아난 새싹처럼 외롭고 적적해지는 것이다. 뒤늦게 돋아난 새싹은 별수 없이 봄바람 대신 여름 볕을 마주해야 한다. 태어나자마자 시련을 겪어야 하는 셈이다. 청춘은 흔히 십 대 후반에서 이십 대에 걸치는 인생의 젊은 나이를 뜻하는데, 안타깝게도 윤동주는 청춘의 끝을 보지 못하고 세상을 떴다. 달리 말하면, 시를 쓰는 내내 그는 청춘을 살았던 셈이다.

영화《동주》는 다름 아닌 이 시기의 윤동주를 조명한다. 새싹이 돋아나야 마땅할 시기인데, 일제강점기에는 도무지 봄이 올 것 같지 않다. 가뜩이나 막막한 시대에 시를 쓰고 싶다는 생각과 시인이 되고픈 마음은 그를 더 웅크리게 만들었을 것이다. 돋아날 시기도 알 수 없고 돋아나리라는 보장도 없어 그저 막막(寞寞)하고 막막(漠漠)했을 것이다. '외롭고 답답해서' 썼고 '아득하고 막연해서' 쓰지 않을 수 없었을 것이다. 이때가 바로 청춘 아니던가. 불안한 청춘과 암울한 시대는 공명(共鳴)하여 시시로 윤동주의 내면을 뒤흔든다.

윤동주와 달리, 그의 사촌인 송몽규는 활달하고 진취적이었다. 어떤 무리에 있든 리더는 단연 그의 몫이었다. 극 중에서 이는 동주의 소심한 성격과 반복적으로 대비되는데, 가만있을 뿐인

데도 동주가 다소 주눅 들어 보이는 것도 이 때문이다. 몽규가 열여덟 살의 나이에 콩트 『술가락』으로 《동아일보》 신춘문예에 당선되자 동주는 양가적인 감정에 휘말린다. 축하할 일이고 축하해야 마땅하지만, 부럽고 질투 나는 것은 물론 스스로가 더 보잘것없이 느껴지는 것이다. 그래서인지 영화를 처음 보았을 때 눈길을 사로잡는 건 몽규(박정민 扮)였다. 송몽규라는 인물을 처음 맞닥뜨리기도 했고 그의 호기와 패기에 연신 혀를 내두를 수밖에 없었기 때문이다. 사람은 자신이 가지고 있지 못한 것을 지닌 인물에 끌리게 마련인데, 아무래도 나는 윤동주에 가까운 사람이었다.

몇 년 뒤 《동주》를 다시 보았을 때 그제야 동주(강하늘 扮)가 눈에 들어왔다. 그는 늘 '직전'의 표정을 짓고 있었다. 말하기 직전, 행동하기 직전, 심지어 시를 쓰고 있을 때조차 시를 쓰기 직전처럼 보였다. 당시 조선인들은 한마음으로 독립 직전을, 독립 이후의 삶을 꿈꾸고 있었을 것이다. 직전의 표정은 아직 뭔가를 하지는 못했기에 불안이 가득하지만, 동시에 다가올 것을 열렬히 희망하기에 힘이 넘치기도 한다. 몽규의 힘과 동주의 불안은 한통속이지만 어느 순간 대립각을 세우기도 한다. 몽규가 시종 넘쳐흐른다면 동주는 넘칠락 말락 한 상태로 있다. 동주의 표정은 수면(水面)을 떠올리게 하는데, 표정에 드러나는 미세한 변화는 바람을 마주한 물의 겉면처럼 속절없이 꿈틀거린다.

영화에서 윤동주는 아직 소년티를 벗지 못한 것처럼 보인다. 친구 몽규의 호방함은 그를 더욱 의기소침하게 한다. 몽규는 변화를, 나아가 변혁을 꿈꾸는 자였고 이를 감행할 만한 실천력 또한 있었다. 반면 윤동주는 제자리에서 끊임없이 발돋움을 한다. 남들이 알아차리지 못할 정도로 작게, 하지만 분명하게. 시대의 흐름에 몸을 맡기는 자도 있고 그것을 거스르며 정면으로 맞서는 자도 있다. 시대와 불화하지만 자신만의 방식으로 겨우 버티는 자도 있다. 윤동주는 종이 위에 한 자 한 자 꾹꾹 눌러쓴 문장처럼, 하루하루를 견디듯 살았다.

어릴 때부터 윤동주가 존경했던 시인 정지용은 『하늘과 바람과 별과 시』의 서문에 이렇게 썼다. "청년 윤동주는 의지가 약하였을 것이다. 그렇기에 서정시에 우수한 것이겠고, 그러나 뼈가 강하였던 것이리라, 그렇기에 일적(日賊)에게 살을 내던지고 뼈를 차지한 것이 아니었던가." 윤동주가 말년에 쓴 「또 다른 고향」의 첫 연 "고향에 돌아온 날 밤에/ 내 백골이 따라와 한 방에 누웠다."가 떠오르는 대목이다. 그의 뼈는 늘 그와 함께 있었다. 호방한 성격이나 늠름한 풍채, 카랑카랑한 목소리와는 달리, 뼈는 여간해선 겉으로 드러나는 법이 없다. 그러나 심신을 지탱해 주는 것은 다름 아닌 뼈다. 그는 뼛속까지 조국의 독립을 꿈꾸었다.

의지가 약했을지언정, 아니 의지가 약했기에 그는 동시도 참 잘 썼다. 중학교 때부터 즐겨 썼다고 하는데, 어떤 동시든 윤동주 특유의 순수함과 다정함이 물씬 느껴진다. 어른이 된 이후에도 여전히 내면에 어린이를 간직하고 있었기에 가능했을 것이다. 동시는 궁금하지 않으면 쓸 수 없다. 아이들이 시도 때도 없이 "왜?"

라고 묻는 것도 이 때문이다. 난생처음 바라보듯 사물이나 현상을 대해야 새로운 것이 보인다. 아이들이 잘 놀라고 잘 웃고 우는 것도 처음인 것이 너무나 많아서다. 달성하는 마음보다 다가가는 마음이 클 때 시는 쓰인다. 그가 쓴 동시 「산울림」의 전문(全文)을 옮긴다.

까치가 울어서
산울림,
아무도 못 들은
산울림.

까치가 들었다,
산울림,
저 혼자 들었다,
산울림.

이 시는 내가 영화 《동주》를 보며 가장 많이 떠올린 시이기도 하다. 산에서 부단히 울고 있는 까치 한 마리가 있다. 그는 어떤 감정을 표현하려는 것일까, 아니면 그저 습관적으로 우는 것일까. 어느 것이 되었든 까치는 운다. 혼자 울고 저 혼자 듣는다. 누가 알아주지 않아도 운다. 울음이 파동이 되기를 간절하게 바라면서, 함께 울어 줄 까치가 나타나기를 바라면서. 2연의 첫 세 행에 나란히 찍힌 쉼표는 내가 여기 있다는 지저귐 같기도 하고 어서 와서 함께 울자는 외침 같기도 하다. 아마도 이즈음 그는 이제는 평화로운 동시의 세계에서 벗어나야 한다는 중압감을 느꼈을 것이다. 청년이 된 동주는 언젠가부터 매일 울고 있었다.

윤동주는 계속해서 울고 있는데, 아무도 그것을 듣지 못한다. 그러나 자기 자신은 듣는다. 혼자 듣는다. 이 시는 그가 연희전문학교 문과 2학년 시절인 1939년, 『소년』 3월호에 발표한 작품이기도 하다. 그의 시가 처음 소개된 것도 바로 이때였다고 한다. 실제로 《동주》의 많은 장면에서 윤동주는 혼자인 것처럼 느껴지는데, 사람들과 함께 있을 때조차 그는 자기만 알아볼 수 있는 표정으로, 자기만 알아들을 수 있는 목소리로 안간힘을 다해 울고 있는 것 같아 보인다. 주의 깊게 살펴봐야 알아차릴 수 있는 수면 위의 미세한 파동처럼. 집으로 돌아와 그는 밤마다 그것을 쓴다. 수면 위로 물이 넘치기 직전의 감정을. 그래서 그의 시에 드리워진 주요 정서 중 하나는 다름 아닌 부끄러움이다. 윤동주의 시편에는 그의 처지와 고민이 고스란히 담겨 있다.

《동주》는 흑백영화다. 아직 이 땅에 봄이 오지 않았으므로, 청사진을 그리기엔 앞날을 내다보는 일이 까마아득했으므로. 무엇보다 한 자 한 자 적어 내려간 시들이 아직 세상의 빛을 보지 못했으므로. 그러나 윤동주의 시를 읽은 우리는 안다. 밤하늘의 별들은 밤이 어두울수록 더 반짝반짝 빛난다는 사실을. 별을 보며 탄성을 터뜨리다가도 어느 순간에는 해 뜰 시간을 기다리는 것처럼, 같은 하늘을 공유하는 다른 세계를 가만히 그려 보는 것처럼. 그래서 영화를 다 보고 나면 또다시 윤동주의 시가 생동한다. 흑백영화가 총천연색 영화로 변해 머릿속에 재생되기 시작한다.

우리에겐 『하늘과 바람과 별과 시』라는 제목으로 잘 알려져 있지만, 사실 그가 원했던 시집의 제목은 『병원』이었다. 윤동주는 병든 시대에 사는 사람은 모두 아플 수밖에 없다고 생각했다. 「병원」 전문은 다음과 같다.

> 살구나무 그늘로 얼굴을 가리고, 병원 뒤뜰에 누워, 젊은 여자가 흰옷 아래로 하얀 다리를 드러내 놓고 일광욕을 한다. 한나절이 기울도록 가슴을 앓는다는 이 여자를 찾아오는 이, 나비 한 마리도 없다. 슬프지도 않은 살구나무 가지에는 바람조차 없다.
>
> 나도 모를 아픔을 오래 참다 처음으로 이곳에 찾아왔다. 그러나 나의 늙은 의사는 젊은이의 병을 모른다. 나한테는 병이 없다고 한다. 이 지나친 시련, 이 지나친 피로, 나는 성내서는 안 된다.
>
> 여자는 자리에서 일어나 옷깃을 여미고 화단에서 금잔화 한 포기를 따 가슴에 꽂고 병실 안으로 사라진다. 나는 그 여자의 건강이 ─ 아니 내 건강도 속히 회복되기를 바

라며 그가 누웠던 자리에 누워 본다.

조선어를 말살시키려는 일본 제국의 탄압 앞에서 그는 "병원 뒤뜰"로 간다. 아픔의 뒤꼍 같은 곳으로. "한나절이 기울도록 가슴을 앓는다는 이 여자"와 "나도 모를 아픔을 오래 참다 처음으로 이곳에 찾아"온 나의 신세는 비슷하다. 병든 시대에 사는 한, 건강은 요원한 일처럼 보인다. 여자를 찾아오는 존재는 하나도 없고 늙은 의사는 나에게 병이 없다고 말한다. 그러나 "이 지나친 시련"과 "이 지나친 피로" 앞에서도 "나는 성내서는 안 된다". 우리는 식민지에 사는 사람들이기 때문이다. 이런 삶을 가리켜 '사는 것'이라고 말할 수 있을까. '살아지는 것' 혹은 '사라지는 것'에 더 가까운 게 아닐까. 그러나 윤동주는 끝끝내 "금잔화 한 포기"를 포기하지 않는다. 탄압이 거세질수록 건강이 악화될수록 독립에 대한 희망, 회복에 대한 열망은 그의 내면에서 더욱 커다래진다.

윤동주의 시를 처음 읽었을 때가 떠오른다. 「별 헤는 밤」을 눈으로 읽고 입으로 읽었다. 소리 없이 읽어도 좋았고 소리 내어 읽어도 좋았다. 예쁜 단어는 어느 정도는 다 슬프다는 사실을 처음 느꼈던 것도 같다. 당시 나는 열네 살이었다. 더 이상 동시를 읽거나 쓰지 않아도 되는 나이 같았다. 윤동주를 만나서 시와 동시가 칼로 무 자르듯 구분될 수 있는 것이 아님을 알았다. 어린이의 마음을 간직한 어른이 좋은 시를 쓴다는 것도 알게 되었다. 처음을 잊지 않는 자가 다음을 기약할 수 있음도, 어떤 상황에서도 나만의 "금잔화 한 포기"를 포기하지 않아야 함도 새길 수 있었다. 윤동주의 시를 읽을 때면 으레 '처음'이 떠오르는 이유다.

영화의 마지막 부분에 윤동주는 취조하는 고등형사에게 이렇게 말한다. "저는 서명하지 않겠습니다. 당신 말을 들으니 정말로 부끄러운 생각이 들어서 못 하겠습니다. 이런 세상에서 시를 쓰길 바라고… 시인이 되길 원했던 게… 너무 부끄럽고… 앞장서지 못하고 따라나서기만 한 게 또 너무 부끄럽고… 부끄럽고… 부끄러워서…. 서명을 못 하겠습니다." 이 부끄러운 감정은 청년 시절 내내 그를 옭아매었던 것이기도 하다. 옳은 일에 앞장서지 못한 것이, 더 큰 목소리로 말하고 더 힘찬 걸음으로 내닫지 못한 것이 그는 한없이 부끄러운 것이다.

동시에 "부끄러움을 아는 건 부끄러워할 일이 아니네. 부끄러움을 외면하는 게 부끄러운 일이지."라는 극 중 정지용 시인의 말처럼, 그는 마침내 부끄럽지 않을 수 있었을 것이다. 부끄러움을 아는 일은 부끄러운 감정을 극복할 수 있는 선행 조건이므로. 조국의 독립을 누구보다 바랐지만 '원수를 사랑하라'는 기독교적 윤리는 윤동주에게 총칼을 쉬 허하지 않았을 것이다. 일본 제국에 대한 증오와 화해를 향한 소년의 착한 마음은 번번이 부딪혔다. 그의 수면은 한 번도 잠잠한 적이 없었다.

이제 나는 그의 부끄러움이 실은 얼마나 대단한 힘을 가지고 있었는지를 안다. 부끄러움을 외면하지 않고 직면할 때, 백지 위의 단어들이 스스로 웅변한다는 것도 안다. 매일 펼쳐지는 밤하늘처럼, 어떻게든 눈을 뜨려고 애쓰는 별들처럼, 그 별들을 하나하나 헤아리는 어린이의 야무진 손가락처럼. 윤동주 덕분에 동시쓰기가 아주 어려운 일이라는 사실을 깨달았음은 물론이다. 장면의 빈틈을 찾고 별을 헤듯 너머를 상상하는 힘에 대해서도 어렴풋이 짐작할 수 있게 되었다. 《동주》에서 윤동주가 망연한 눈빛으로 무언가를, 어딘가를, 그리고 누군가를 바라볼 때 늘 처음 일어나는 불꽃이 있었다. 간신히 일어났지만 멀리 번지기에 아직은 유약한 불꽃 말이다. 그 애타는 마음이 쓰는 일과 연결될 때 벌어지는 기적을 떠올릴 때면 매번 벅차오른다.

그의 유작은 「쉽게 씌어진 시」로 알려져 있다. 나라 없는 이의 신산한 삶 앞에서 시 쓰기는 쓸데없는 일이나 사치처럼 느껴졌을 것이다. "인생은 살기 어렵다는데/ 시가 이렇게 쉽게 씌어지는 것은/ 부끄러운 일이다."라는 그의 고백은, 인생이 살기 어려울수록 어떻게든 시를 써야 한다는 외침처럼 들리기도 한다. 까치의 산울림처럼, 화단의 금잔화 한 포기처럼 사는 내내 자기반성과 자기 증명을 반복해야 한다. "'너는 자라 무엇이 되려니'/'사람이 되지'"(「아우의 인상화」 부분)라는 대목처럼, 살아 있는 한 사람-되기에 힘써야 한다.

윤동주의 청춘은 언제나 새싹이 돋기 '직전'이었다. 그러나 윤동주라는 새싹은 시집을 펼칠 때마다 언제고 돋아난다. 따뜻한 봄날에도, 추운 겨울날에도, 우리가 이 땅 위에 버티고 서 있는 동안에는 언제나. 오늘 그의 시집을 다시 펼친다. 몸은 늙어도 마음은 낡지 않기 위해서. 처음을 잊지 않기 위해서, 매일 새로 뜨는 별을 목도하기 위해서, 별을 헤는 간절한 마음으로 거기에 가닿기 위해서.

스틸 컷

윤동주 · 송몽규 연보

윤동주	1917년	송몽규
12월 30일, 만주 명동촌 출생		9월 28일, 외가인 윤동주의 집에서 출생
	1925년 9세	
명동소학교 입학		같은 학년에 송몽규, 문익환 입학
	1929년 13세	
잡지 《새명동》 만듦		명동소학교가 '인민 학교'로 넘어갔 다 중국에 의해 공립으로 강제 수용
	1932년 16세	
○ 은진중학교 진학 ○ 축구 선수로 뛰기도 하고 웅변대 회 등 다양한 활동 펼침		은진중학교에 송몽규, 문익환 진학
	1935년 19세	
○ 평양숭실중학교 전학 ○ 문예지 《숭실활천》에 시 「공상」 인쇄화		○ 송몽규의 콩트 『술가락』《동아일 보》 신춘문예 당선 ○ 4월, 학업 중단 ○ 중국 남경의 독립운동단체 가입
	1936년 20세	
○ 신사참배 강요 숭실학교 자퇴 ○ 광명학원 편입		○ 중국에서 독립운동 투신 ○ 체포 후 웅기경찰서 압송, 석방 후 요시찰인으로 감시

윤동주		송몽규
	1938년 22세	
연희전문학교(현 연세대학교) 문과 입학		○ 연희전문학교 입학, 윤동주, 강처중과 함께 연전 생활 시작
	1941년 25세	
○ 연희전문학교 졸업 ○ 일본 유학을 위해 '히라누마'로 창씨 ○ 시집『하늘과 바람과 별과 시』를 77부 한정판으로 출간하려 했으나 뜻을 이루지 못함. 시집을 세 부 작성하여 한 부는 자신이 가지고, 이양하 선생과 정병욱에게 한 부씩 증정		'소무라'로 창씨
	1942년 26세	
○ 고국에서 마지막 작품「참회록」 씀 ○ 도쿄 릿쿄대학 영문학과 입학 ○ 교토 도시샤대학 영문학과 편입		교토제국대학 서양사학과 입학
	1943년 27세	
○ 7월 14일, 독립운동 혐의로 체포 ○ 유학 중 썼던 작품과 일기 압수		7월 10일, 일본 경찰에 체포
	1944년 28세	
치안유지법 위반 징역 2년 언도		○ 같은 죄목으로 징역 2년 언도 ○ 윤동주와 함께 후쿠오카 형무소에 수감

윤동주	송몽규
	1945년 **29세**
○ 2월 16일, 후쿠오카 형무소에서 사망 ○ 3월 6일, 용정 동산교회 묘지에 묻힘 ○ 장례식에서 「자화상」과 「새로운 길」 낭독	○ 3월 10일, 옥사 ○ 부친에 의해 시신이 인수되어 고 향에 묻힘
	1948년
1월, 정지용의 서문과 강처중의 발 문을 붙여 유고 시집 『하늘과 바람 과 별과 시』를 정음사에서 간행	

《동주》에 나온 윤동주의 시들

공상

공상—
내 마음의 탑
나는 말없이 이 탑을 쌓고 있다.
명예와 허영의 천공에다
무너질 줄 모르고
한 층 두 층 높이 쌓는다.

무한한 나의 공상
그것은 내 마음의 바다
나는 두 팔을 펼쳐서
나의 바다에서
자유로이 헤엄친다.
황금 지옥(知慾)의 수평선을 향하여.

흰 그림자

황혼이 짙어지는 길모금에서
하루종일 시들은 귀를 가만히 기울이면
땅거미 옮겨지는 발자취 소리,

발자취 소리를 들을 수 있도록
나는 총명했던가요.

이제 어리석게도 모든 것을 깨달은 다음
오래 마음 깊은 속에
괴로워하던 수많은 나를
하나, 둘 제 고장으로 돌려보내면
거리 모퉁이 어둠 속으로
소리 없이 사라지는 흰 그림자,

흰 그림자를
연연히 사랑하는 흰 그림자들,

내 모든 것을 돌려보낸 뒤
허전히 뒷골목을 돌아
황혼처럼 물드는 내 방으로 돌아오면

신념이 깊은 의젓한 양처럼
하루종일 시름없이 풀포기나 뜯자.

병원

살구나무 그늘로 얼굴을 가리고, 병원 뒤뜰에 누워, 젊은 여자가 흰옷 아래로 하얀 다리를 드러내 놓고 일광욕을 한다. 한나절이 기울도록 가슴을 앓는다는 이 여자를 찾아오는 이, 나비 한 마리도 없다. 슬프지도 않은 살구나무 가지에는 바람조차 없다.

나도 모를 아픔을 오래 참다 처음으로 이곳에 찾아왔다. 그러나나의 늙은 의사는 젊은이의 병을 모른다. 나한테는 병이 없다고 한다. 이 지나친 시련, 이 지나친 피로, 나는 성내서는 안 된다.

여자는 자리에서 일어나 옷깃을 여미고 화단에서 금잔화 한 포기를 따 가슴에 꽂고 병실 안으로 사라진다. 나는 그 여자의 건강이—아니 내 건강도 속히 회복되기를 바라며 그가 누웠던 자리에 누워 본다.

새로운 길

내를 건너서 숲으로
고개를 넘어서 마을로

어제도 가고 오늘도 갈
나의 길 새로운 길

민들레가 피고 까치가 날고
아가씨가 지나고 바람이 일고

나의 길은 언제나 새로운 길
오늘도…… 내일도……

내를 건너서 숲으로
고개를 넘어서 마을로

그 여자

함께 핀 꽃에 처음 익은 능금은
먼저 떨어졌습니다.

오늘도 가을 바람은 그냥 붑니다.

길가에 떨어진 붉은 능금은
지나는 손님이 집어 갔습니다.

별 헤는 밤

계절이 지나가는 하늘에는
가을로 가득 차 있습니다.

나는 아무 걱정도 없이
가을 속의 별들을 다 헤일 듯합니다.

가슴속에 하나 둘 새겨지는 별을
이제 다 못 헤는 것은
쉬이 아침이 오는 까닭이오,
내일 밤이 남은 까닭이오,
아직 나의 청춘이 다하지 않은 까닭입니다.

별 하나에 추억과
별 하나에 사랑과
별 하나에 쓸쓸함과
별 하나에 동경과
별 하나에 시와
별 하나에 어머니, 어머니,

어머님, 나는 별 하나에 아름다운 말 한마디씩 불러봅니다. 소학
교 때 책상을 같이했던 아이들의 이름과, 패(佩), 경(鏡), 옥(玉) 이

런 이국 소녀들의 이름과, 벌써 애기 어머니 된 계집애들의 이름과, 가난한 이웃 사람들의 이름과, 비둘기, 강아지, 토끼, 노새, 노루, 프랑시스 잠, 라이너 마리아 릴케 이런 시인의 이름을 불러봅니다.

이네들은 너무나 멀리 있습니다.
별이 아슬히 멀듯이,

어머님,
그리고 당신은 멀리 북간도(北間島)에 계십니다.

나는 무엇인지 그리워
이 많은 별빛이 나린 언덕 위에
내 이름자를 써 보고,
흙으로 덮어 버리었습니다.

따는 밤을 새워 우는 벌레는
부끄러운 이름을 슬퍼하는 까닭입니다.

그러나 겨울이 지나고 나의 별에도 봄이 오면
무덤 위에 파란 잔디가 피어나듯이

내 이름자 묻힌 언덕 위에도
자랑처럼 풀이 무성할 게외다.

무서운 시간

거 나를 부르는 것이 누구요,

가랑잎 이파리 푸르러 나오는 그늘인데,
나 아직 여기 호흡이 남아 있소.

한번도 손들어 보지 못한 나를
손들어 표할 하늘도 없는 나를
어디에 내 한 몸 둘 하늘이 있어
나를 부르는 것이오.

일을 마치고 내 죽는 날 아침에는
서럽지도 않은 가랑잎이 떨어질 텐데……

나를 부르지 마오.

아우의 인상화

붉은 이마에 싸늘한 달이 서리어
아우의 얼굴은 슬픈 그림이다.

발걸음을 멈추어
살그머니 앳된 손을 잡으며
'늬는 자라 무엇이 되려니'
'사람이 되지'
아우의 설은, 진정코 설은 대답이다.

슬며시 잡았던 손을 놓고
아우의 얼굴을 다시 들여다본다.

싸늘한 달이 붉은 이마에 젖어
아우의 얼굴은 슬픈 그림이다.

바람이 불어

바람이 어디로부터 불어와
어디로 불려가는 것일까,

바람이 부는데
내 괴로움에는 이유가 없다.

내 괴로움에는 이유가 없을까,

단 한 여자를 사랑한 일도 없다.
시대를 슬퍼한 일도 없다.

바람이 자꼬 부는데
내 발이 반석 위에 섰다.

강물이 자꼬 흐르는데
내 발이 언덕 위에 섰다.

자화상

산모퉁이를 돌아 논가 외딴 우물을 홀로 찾아가선
가만히 들여다봅니다.

우물 속에는 달이 밝고 구름이 흐르고 하늘이 펼치고 파아란 바
람이 불고 가을이 있습니다.

그리고 한 사나이가 있습니다.
어쩐지 그 사나이가 미워져 돌아갑니다.

돌아가다 생각하니 그 사나이가 가엾어집니다.
도로 가 들여다보니 사나이는 그대로 있습니다.

다시 그 사나이가 미워져 돌아갑니다.
돌아가다 생각하니 그 사나이가 그리워집니다.

우물 속에는 달이 밝고 구름이 흐르고 하늘이 펼치고 파아란 바
람이 불고 가을이 있고 추억처럼 사나이가 있습니다.

참회록

파란 녹이 낀 구리 거울 속에
내 얼골이 남아 있는 것은
어느 왕조(王朝)의 유물이기에
이다지도 욕될까

나는 나의 참회(懺悔)의 글을 한 줄에 줄이자
― 만 24년 1개월을
무슨 기쁨을 바라 살아 왔던가

내일이나 모레나 그 어느 즐거운 날에
나는 또 한 줄의 참회록을 써야 한다.
― 그때 그 젊은 나이에
왜 그런 부끄런 고백을 했던가

밤이면 밤마다 나의 거울을
손바닥으로 발바닥으로 닦아 보자.

그러면 어느 운석(隕石) 밑으로 홀로 걸어가는
슬픈 사람의 뒷모양이
거울 속에 나타나 온다.

사랑스런 추억

봄이 오던 아침, 서울 어느 쪼그만 정거장에서
희망과 사랑처럼 기차를 기다려,

나는 플랫폼에 간신한 그림자를 떨어뜨리고,
담배를 피웠다.

내 그림자는 담배연기 그림자를 날리고
비둘기 한 떼가 부끄러울 것도 없이
나래 속을 속, 속, 햇빛에 비쳐, 날았다.

기차는 아무 새로운 소식도 없이
나를 멀리 실어다 주어,

봄은 다 가고 ─ 동경(東京) 교외 어느 조용한
하숙방에서, 옛 거리에 남은 나를 희망과
사랑처럼 그리워한다.

오늘도 기차는 몇 번이나 무의미하게 지나가고,

오늘도 나는 누구를 기다려 정거장 가차운 언덕에서 서성거릴 게
다.

— 아아 젊음은 오래 거기 남아 있거라.

쉽게 씌어진 시

창 밖에 밤비가 속살거려
육첩방(六疊房)은 남의 나라,

시인이란 슬픈 천명(天命)인 줄 알면서도
한 줄 시를 적어 볼까,

땀내와 사랑내 포근히 품긴
보내 주신 학비 봉투를 받아

대학노트를 끼고
늙은 교수의 강의 들으러 간다.

생각해 보면 어린 때 동무를
하나, 둘, 죄다 잃어버리고

나는 무얼 바라
나는 다만, 홀로 침전(沈澱)하는 것일까?

인생은 살기 어렵다는데
시가 이렇게 쉽게 씌어지는 것은
부끄러운 일이다.

육첩방은 남의 나라
창 밖에 밤비가 속살거리는데,

등불을 밝혀 어둠을 조곰 내몰고,
시대처럼 올 아침을 기다리는 최후의 나,

나는 나에게 작은 손을 내밀어
눈물과 위안으로 잡는 최초의 악수.

서시

죽는 날까지 하늘을 우러러
한 점 부끄럼이 없기를,
잎새에 이는 바람에도
나는 괴로워했다.
별을 노래하는 마음으로
모든 죽어가는 것을 사랑해야지
그리고 나한테 주어진 길을
걸어가야겠다.

오늘 밤에도 별이 바람에 스치운다.

신연식 작가 인터뷰

편집자　　무언가 특별한 시작을 만들고도 싶지만 '윤동주'라는 이름 앞에서 맥없이 무너지고 맙니다. 그래서 사소한 욕심마저 버리고 아주 기초적인 질문부터 드리려 해요. 작가님은 시인 윤동주를 좋아하시나요? 그동안 다양한 장르의 영화를 만드셨지만 공통점이 있거든요. 바로 문학과 떼려야 뗄 수 없다는 점이요. 러시아(영화《러시안 소설》의 각본과 감독)와 프랑스(영화《프랑스 영화처럼》의 각본과 감독), 그리고 스페인(스페인어 전공)까지 두루 섭렵한 고수의 아우라가 느껴집니다. 작업하신 여러 영화에 식업이 작가인 인물이 등장하고, 심심치 않게 출판사가 나오기도 하지요. 소년 시절에는 부정할 수 없는 문학소년 아니었을까 싶습니다.

신연식　　　우연이 쌓이면 필연이 되는 게 아닐까 합니다. 사실 인생이란 누구나 태어날 때부터 자기 자신에 대해 자각하면서 시작하는 게 아닙니다. 개인의 비전이나 철학이나 전략에 의해서가 아니라, 타고난 기질에 따라 시작되는 것이 인생 아닐까요. 기질적으로 지나치기 힘든 삶의 고통, 사회의 부조리 등에 반응하다 나와 다른 시대의 나와 다른 작가들은 그것을 어떻게 표현했을까 고민하는 게 제 인생의 자연스러운 단계였습니다. '나는 문학을 해야지', '나는 영화를 해야지'라면서 의도적으로 고민한 적은 없었습니다. 타고난 기질대로 세상만사에 반응하고 살다 보니 언제부턴가 글을 썼고, 영화도 만들었습니다. 절대로 고수는 아니고요. 진실하게 세상에 반응하려는 창작자, 시대의 아픔에 공감하려는 창작자가 되려고 노력하는 사람입니다.

편집자　　　'기질적으로 지나치기 힘든 삶의 고통, 사회의 부조리 등에 반응하는' 타고난 문학가라는 말씀으로 이해했습니다. '나와 다른 시대의 나와 다른 작가들은 그것을 어떻게 표현했을까' 고민하셨다면 오래전부터 윤동주 시인을 마음속에 품었을 테고요. 그렇지만 그 인물이 영화로 만들기에 좋은, 다시 말해 영화 주인공이 될 수 있는가는 다른 문제일 듯합니다. 게다가 일제강점기를 관통하는 작가들의 경우 여러 복잡한 문제가 얽혀 있죠. 그런 면에서 시인 윤동주는 영화 주인공이 될 만한 인물이라고 할 수 있을까요?

신연식　　　실존 인물을 영화로, 다시 말해 두 시간이라는 물리적 제약 안에서 묘사하기란 너무나 힘들고 위험한 일입니다. 대부분의 인간은 모순덩어리입니다. 질문을 받고 찰나의 시간 동안 스스로를 훑어봐도 나 자신은 얼마나 모순이 가득한 사람인지, 정말 무수히 많은 단상이 눈앞을 스쳐 지나갑니다. 또한 글을 쓰기 위해 실존 인물들을 조사하다 보면, 한 사람에 대한 증언이 얼마나 제각각인지 놀라는 경우가 한두 번이 아닙니다. 정말 많습니다. 이게 과연 한 사람에 대한 증언인가 싶을 정도로요. 한데 대부분의 인간이 그렇습니다. 인간은 본래 그렇습니다. 너무나 다른 면을 동시에 갖고 있고, 그것들을 전부 포함해서 이해해야 겨우 한 사람의 내면을 들여다봤다고 할 수 있습니다. 그리고 그런 면에서 윤동주 시인은 영화로 만들기 유리한 대상임에 틀림없습니다.

윤동주 시인은 너무나 드물게 그에 관해 증언하는 사람들이 일치된 묘사를 하는 사람입니다. 정말 귀한 분이죠. 누구의 증언을 들어도 '같은 사람 맞나?' 갸우뚱할 일이 없습니다. 윤동주 시인은 일관된 정신세계, 변함없는 문학적 방향성, 그리고 억지로 미화시킬 필요가 없을 정도로 깨끗한 삶을 살았습니다. 그분의 일관된 삶의 궤적 덕분에 영화로 접근하기 용이했습니다.

또한 영화에서는 공간적, 시간적 배경도 중요합니다. 윤동주 시인은 개인의 성장 과정에서 중요한 변곡점을 맞을 때 대부분 물리적 이동이 있었습니다. 명동 학교 시절, 연희전문 시절, 일본 유학 시절, 여명을 맞이한 형무소 시절 등. 시인이 이동한 흔적은 곧 그분의 성장 과정에서 다음 단계로 넘어가는 공간적 전환이었습니다. 공간적 배경과 정신적 배경이 혼재되어 있으면 영화로 묘사하기 힘들었을 겁니다. 이런 점에서도 작가로서 그의 삶을 시나리오로 만들기에 유리한 면이 있었습니다.

그리고 윤동주 시인의 마지막 순간은 영화적으로, 시대사적으로, 개인사적으로 너무나 명징한 의미를 함의하고 있다는 점이 중요합니다. 우리 삶은 대부분 지리멸렬하잖아요. 시작과 끝이 선명하지 않죠. 개인의 마지막 순간이 이토록 선명하게 다양한 함의를 갖고 있다는 것은 대단히 드문 경우라 할 수 있습니다.

편집자　　　윤동주 시인의 삶을 속속들이 알고 있다 생각했는데, 작가님처럼은 생각해 본 적 없네요. 삶의 격변기마다 있었던 물리적 이동, 이것이 영화《동주》가 잘 알고 있다 여겼던 시인의 삶을 '새롭다'라고 느끼게 해 주는 커다란 이유 같습니다. 그런데 이런 어마어마한 작품의 초고를 일주일 만에 쓰셨다는 점은 정말 의외였습니다. 보통 초고가 2년 안에만 나와도 기적이라고 말하잖아요.

신연식　　　오해하면 안 되는 사실이 있습니다. 초고를 빨리 쓰는 건 큰 의미가 없습니다. 완성된 시나리오의 완결성이 훨씬 중요합니다. 그것이 결과물이고, 영화로 만들어지게 되니까요.

물론 모든 일은 그때그때 상황이 다르죠. 초고를 빨리 탈고해서 좋은 경우도 있고, 아직 시나리오로 쓸 단계가 아닌데 성급하게 자판을 두드리다 낭패를 보는 경우도 왕왕 있습니다. 정답은 없습니다. 매뉴얼도요. 각본이란 오로지 작가의 경험과 감각에 의존해야 하는 작업입니다.

《동주》의 경우에는 앞에서 이야기한 윤동주 시인의 선명한 삶의 궤적, 미화할 필요 없이 깨끗한 삶, 그분의 마지막 순간이 담고 있는 영화적 의미, 시퀀스별로 나눠진 시인의 인생 배경 등을 종합적으로 살펴서 일주일이면 가능하다고 판단했습니다. 세부적인 요소들은 시나리오 과정에서 완성해 나갔고요. 거듭 이야기하지만 초고를 빨리 쓰는 건 큰 의미가 없습니다.

편집자　　주인공 윤동주도 그렇지만 이 영화의 발견은 단연 송몽규입니다. 배우에게도 큰 전환점이 되지 않았나 싶고, 관객들에게도 새로운 발견이었습니다. 그만큼 캐릭터도 배우도 매력적이었습니다. 사촌지간이지만 서로 다른 이상과 성격을 가진 두 사람, 그러면서도 미래를 향해 함께 나아가는 모습이 커다란 울림을 주었습니다.

신연식　　같은 곳에서 태어나 평생을 동고동락하고, 마지막 순간까지 함께하는 인연은 참으로 흔하지 않을 겁니다. 송몽규 선생은 얼핏 윤동주 시인에게 가려진 인물처럼 보이지만, 살아